ADHD, ASD 등 연구성과가 입증된
아동발달 지원 프로젝트 「IN-Child」

우리 아이는
발달장애가
아닙니다

한창완 지음

YoungJin.com Y.
영진닷컴

우리 아이는
발달장애가
아닙니다

ISBN 978-89-314-6027-8

독자님의 의견을 받습니다

이 책을 구입한 독자님은 영진닷컴의 가장 중요한 비평가이자 조언가입니다. 저희 책의 장점과 문제점이 무엇인지, 어떤 책이 출판되기를 바라는지, 책을 더욱 알차게 꾸밀 수 있는 아이디어가 있으면 팩스나 이메일, 또는 우편으로 연락주시기 바랍니다. 의견을 주실 때에는 책 제목 및 독자님의 성함과 연락처(전화번호나 이메일)를 꼭 남겨 주시기 바랍니다. 독자님의 의견에 대해 바로 답변을 드리고, 또 독자님의 의견을 다음 책에 충분히 반영하도록 늘 노력하겠습니다.

파본이나 잘못된 도서는 구입처에서 교환 및 환불해드립니다.

이메일 : support@youngjin.com

주 소 : 서울특별시 금천구 가산디지털1로 128 STX–V 타워 4층 401호

등 록 : 2007. 4. 27. 제16–4189호

STAFF

저자 한창완 | **역자** 이호정 | **삽화** Mamiko OTA | **책임** 김태경 | **기획 및 진행** 차바울 | **디자인** 김효정
편집 신혜미, 인주영 | **영업** 박준용, 임용수, 김도현 | **마케팅** 이승희, 김근주, 조민영, 이은정, 김예진
제작 황장협 | **인쇄** 예림인쇄

IN-Child가 무엇인가요?

IN-Child Inclusive Needs Child(포괄적 교육을 필요로 하는 아동)

 발달 지연이나 지적 지연인 아동, 신체면과 정서면에 지원이 필요한 아동, 가정환경이 원인인 아동 등 전문가가 포함된 팀에 의한 포괄적인 교육을 필요로 하는 아동을 뜻한다. 의료·간호·복지·교육 각 분야가 원활히 연계할 수 있도록 만들어졌다.

IN-Child Record(ICR)

 아동의 삶의 질 향상의 관점에서 아동의 지원 요구를 검토하기 위한 목적으로 교육적 평가와 지속적인 지원내용을 파악하기 위한 기록지이다. 신체면, 정서면, 생활면, 학습면, 4가지 측면에서 종합적으로 아이의 상태를 파악하며 총 14영역의 82문항으로 구성되어 있다.

「IN-Child」 프로젝트는 일본의 공동연구기업이 독점적 사용권을 보유하고 있습니다. IN-Child Record 및 IN-Child 개별교육플랜을 영리 목적으로 이용할 수 없습니다. 가정 및 학급 내에서 이용하는 경우만을 허용하며 공중의 사용에 제공하기 위해 복제할 수 없습니다.

IN-Child(Inclusive Needs Child)라는 용어를 만든 때가 2015년입니다. 학교 교육 현장 자문교수로서의 경험 중 일부 아동들에 관한 정보공유와 공통인식에 어려움이 있다는 것을 목도한 것이 계기가 되었습니다. 아동 교육에 어려움을 겪고 있는 것은 저희와 같은 학교 외부인보다 교사와 보호자 등 아동 주변의 사람들이었습니다. '아동의 특징을 어떻게 파악하고 어떻게 전달하면 좋을까, 그리고 어떻게 대응하는 것이 최선일까?' 이러한 고민을 해결하기 위해 IN-Child의 연구를 시작한지도 어느덧 4년이 지나가고 있습니다.

여기서 정의하는 IN-Child란 '포괄적인 교육을 필요로 하는 아동'을 의미합니다. 의료 기관에서 실제 진단을 받은 아동도 포함하고, 진단은 받지 않았지만 학습 및 일상생활의 어려움으로 인해 교육적 지원이 필요한 아동을 포함합니다. 또한 가정환경 및 학교환경의 영향으로 인해 일시적이지만 포괄적 교육이 필요한 아동도 포함합니다. 즉, 모든 아동이 포함되는 것입니다. 아동은 항상 성장과 발달의 과정에 있기 때문에 변화가 빠르고 환경으로부터의 영향을 크게 받습니다.

이러한 아동들에게 '지금' 무엇이 필요한지, 이 아동의 니즈가 무엇인지를 정확하게 파악하고자 하는 것이 IN-Child의 기본 목적입니다. 또 말 그대로 '무리 속의 아이' 즉, '어떤 아이라도 그 아동들의 무리 속에서 성장해 가야 한다.'라고 바라는 마음도 포함되어 있습니다.

2017년에는 지금까지 15년간의 조사 연구를 바탕으로 『IN-Child 프로젝트』를 기획하고, 연수회도 개최하였는데, 그때 "발달장애에 관한 연수입니까?"라는 질문을 받은 적이 있었습니다.

다릅니다. IN-Child는 발달장애를 의미하는 것이 아닙니다. 인간의 발달에 표준은 없으며 발달 과정에 있는 아동들은 매우 다양한 발달의 모습을 보이기 마련입니다. 그러한 아동들에게 '발달에 장애가 있다.'라고 규정짓는 것이 얼마나 불합리한 일인지를 항상 느끼고 있습니다. 일본의 여러 지역에서 IN-Child 세미나 및 연수회를 개최하고 있는데, 항상 선생님들과 부모님들의 눈물을 마주하게 됩니다. 이러한 만남이 IN-Child 책을 출판해야겠다고 생각하게 된 계기가 되었습니다.

저는 연구자이기에, 연구성과 및 현장에서의 임상결과를 충실히 정리하여 출판 작업을 하려고 하였으나 예상 이상으로 많은 성과(아동의 변화)를 보면서 일단 여러분과 성과에 관한 공유의 장을 마련하고 싶었습니다.

제가 이렇게 빨리 의미있는 연구성과로 책을 출판할 수 있다는 것 자체가 IN-Child의 기적입니다. 전 세계 어느 지역의 아동을 봐도 똑같은 아동은 없습니다. 1,000명이 있으면 1,000가지의 다양성이 있습니다. 그리고 1,000명이 있으면 1,000가지의 미래가 있을 겁니다.

'아동들이 다양성 속에서 자신만의 미래를 그릴 수 있도록 지지해 주고 싶다'라는 마음으로 IN-Child의 교육 방법을 연구하고 있습니다. 아이들이 주역이 될 미래는 지금 바로 눈앞에 있는 아동의 니즈에 성실하게 응하는 것부터 시작됩니다.

2019년 5월 IN-Child 프로젝트 대표
시모노세키시립대학교 이사/부총장 한창완

IN-Child의 정의와 개발 과정

현재 의료·간호·복지·교육 분야에서 발달장애가 의심되는 아동은 '신경(마음)이 쓰이는 아동'이라고 불리고 있습니다. 그러나 거기에는 과학적 근거도 없고, 공통으로 인식할 수 있는 방법이나 지원 방법에 관한 수단이 없었습니다.

이에 따라 아래와 같은 문제들을 교육현장에서 발견할 수 있었습니다.

> • 직종 간 연계 시 정보 교환에 차질이 생긴다.
> • 교사 개인의 주관이 아동을 판단하는 데 큰 영향을 미친다.
> • 교사 개인의 주관이므로 차별적인 의미가 포함될 가능성이 있다.

직종 간 연계가 원활할 수 있도록, 교사가 객관적인 판단을 할 수 있도록 개발한 하나의 수단이 바로 IN-Child 프로젝트입니다.

「IN-Child」는 정의되어 있지 않은 새로운 용어이기 때문에 '신경(마음)이 쓰이는 아동'이 어떻게 사용되어 왔는지, 그 개념은 정리되어 있는지의 관점에서부터 선행 연구를 수집·분석하였습니다. 그리고 연구자와 현직 교사 간의 협의를 거듭해 나가면서 「IN-Child」의 정의를 확립했습니다.

선행 연구의 자료 선정에는 2000년부터 2015년까지 15년 동안에 '신경(마음)이 쓰이는 아동'이라는 말을 사용한 의료·간호·복지·교육 네 분야에서 실시된 연구를 대상으로 했습니다.

그중에서도 ① '신경(마음)이 쓰이는 아동'의 평가자와 개념을 명확하게 표기하고 있는 것, ② 교육직은 유치원·초등학교·중학교 교사, 의료직은 의사, 보건직은 보건사, 보육직은 보육사를 평가자로 하는 두 개 문항의 기준을 만족하는 자료를 추출하여 요소를 정리했습니다.

「IN-Child Record」의 개발은 IN-Child의 정의와 관련한 자료를 수집해 IN-Child Record의 구조를 세우고, 연구자와 현직 교원 간의 협의를 거듭해 나가면서 영역과 문항을 작성하였습니다.

자료의 선정은 IN-Child의 정의와 마찬가지로 2000년부터 2015년까지 15년 동안의 연구 기간에서 ① 정의된 용어의 개념과 관련된 척도 및 지표 등의 연구 문헌, ② 정의된 용어의 개념과 관련된 문부과학성과 후생노동성의 정책 및 회의 관련 자료, ③ 정의된 용어의 개념에 관련된 각 시, 도, 부, 현의 교육센터 및 교육위원회 등에서 작성한 체크리스트, 이 세 가지의 기준 중 하나라도 만족시키는 자료로 수집하였습니다. 또한, 작성한 각 문항을 영역마다 ICF(국제생활기능분류) 개념 및 자립 활동의 개념, 삶의 질 개념과 대응시켰습니다.

책 읽는 방법

1 다양한 패턴의 IN-Child를 알아봐요

〈패턴이름〉

〈이야기〉
해당 아이의 일상

〈IN-Child 패턴〉

〈한선생님의 견해〉
이런 게 필요한 건 아닐까?

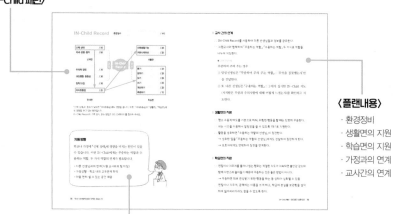

〈한선생님의 질문〉
· 생활상과 학습상의
  간단 체크리스트
· IN-Child 지원방법

〈플랜내용〉
· 환경정비
· 생활면의 지원
· 학습면의 지원
· 가정과의 연계
· 교사간의 연계

2 IN-Child Record로 아동의 니즈를 파악해요

| 올바른 기록 방법 |

신체면		문항	매우 그렇다	그렇다	보통 이다	아니다	전혀 아니다	합계
신체 상태	Q1	더럽고 냄새나거나 찢어진 비위생적 상태의 옷을 입고 있다.	1	2	✓3	4	5	/ 50
	Q2	골절·멍·화상 등 부자연스러운 상처가 자주 보인다.	1	✓2	3	4	5	
	Q3	머리카락이나 치아, 손톱의 위생이 관리되지 않는다.	1	2	3	✓4	5	
	Q4	체중·신장 등 성장 상태가 좋지 않다.	1	2	3	4	5	
	Q5	지속된 피로감과 활동성 저하가 보인다.	1	✓2	3	4	5	

〈기록지〉
· 적합한 지원을 위한 도구
· 14영역 82문항

〈분석〉
· 아동의 니즈 파악
· 구체적인 지원내용 파악

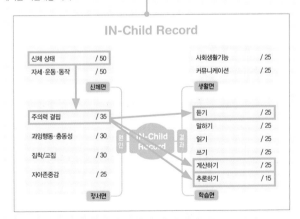

IN-Child Record

신체 상태 / 50		사회생활기능 / 25
자세·운동·동작 / 50		커뮤니케이션 / 25
	신체면	생활면
주의력 결핍 / 35		듣기 / 25
과잉행동·충동성 / 30		말하기 / 25
집착/고집 / 30		읽기 / 25
자아존중감 / 25		쓰기 / 25
		계산하기 / 25
		추론하기 / 15
	정서면	학습면

※ IN-Child Record의 기록 방법부터 문항 세부내용, 분석 방법, 기록지 등은 220페이지부터 확인하실 수 있습니다.

책 읽는 방법

3 지원하기 위한 교육플랜을 만들어요

IN-Child 개별교육플랜은 3가지 편(결과·분석·개입)으로 구성되어 있으며 단계별로 작성해 나아가야 합니다. 단순히 감에 의존하는 지도가 아니라, IN-Child Record 결과를 기반으로 진행하는 것이므로 지도방법에 대한 근거가 됩니다. 우측처럼 솔루션을 만들어 지도하세요. 자세한 사항은 IN-Child 개별교육플랜(252p)을 참고하세요.

※ 개별학습플랜의 파일은 저작권으로 인하여 제공할 수가 없는 점 양해를 부탁드립니다.

IN-Child 개별교육플랜 -개입 편-

개입	
지원 타이틀	**해설**
1 좌석배치 검토 - 주의력 결핍에 관한 대응	• 수업에 집중하지 못한다면 교사가 말을 건네기 쉬운 자리나, 비교적 집중에 방해받지 않는 자리에 아동을 앉힌다. • 앞자리의 가장자리가 좋다.

2 학급 내의 역할 부여
 	
- <u>자아존중감</u>에 관한 대응
	• 앞자리에 앉혀 [선생님의 보조]로서 수업 중에 프린트를 배포하게 한다.
	  → 수업 중에 합리적으로 움직이는 것이 가능하다. 역할을 맡아
	     임무수행하는 것으로 자아존중감을 향상할 수 있다.

3 환경 조성하기
 	
- 주의력 결핍에 관한 대응
	• 아동이 수업에 집중할 수 있도록 조용한 환경을 만든다.
	• 게시물을 줄이고 소리를 크게 내지 않는 등 시청각적으로 자극이 적은
	  환경을 조성한다.
	   예) 파티션의 사용이 권장되지만 프린트 학습시에는 다른 방을
	       사용하는 것이 바람직하다.

4 활동내용에 관해
 	
- 주의력 결핍, 과잉성·충동성에
  관한 대응
	• 주변 환경으로 인한 자극은 줄이고, 활동 자체를 자극적으로 만든다.
	• 비디오 혹은 프린트를 이용하여 학습 방법을 전환해가며 학습에 집중할
	  수 있도록 한다.

5 지시방법
 	
- 주의력 결핍, 과잉성·충동성에
  관한 대응
	• 간결하고 명확한 지시를 내린다.
	• 「지금은 ○○을 할 시간」이라고 명확하게 전달하는 것이 중요하다.
	• 전달정보가 지나치게 많으면 무엇이 중요한지 판단하기 힘들기 때문에
	  해야할 일을 조금씩 나눠가며 명확하게 지시를 내린다.

6 학습방법① - 주의력 결핍, 과잉성·충동성에 관한 대응	• 그룹이 아닌 페어학습을 권장한다. • 비교적 침착한 아동을 옆자리에 앉히고 서로 가르치게 한다.
7 학습방법② - 쓰기에 관한 대응	• ADHD 경향의 아동 대부분은 쓰기를 서툴러 한다. • 5번과 마찬가지로 명확한 질문과 선택식 시험을 활용한다.

8 점수 제도 도입
 	
- 주의력 결핍, 과잉성·충동성에
  관한 대응
	• ADHD 경향이 있는 아동은 점수 제도에 강하게 동기부여를 합니다.
	  (스티커를 모으면 목표를 달성하는 형식)
	• 활동을 달성하면 칭찬하며 점수를 준다.
	• 복도를 뛰어다니는 등의 행동을 하면 점수를 깎는다.
	• 점수가 깎일 행동을 한 경우 잠시동안 학급에서 떨어뜨리고 침착해지면
	  다시 지도한다.

지원내용	
지원형태	개별지원 · 　그룹지원　 · 　그룹관찰

참고문헌

• 영국의 국립의료기술평가기구 (National Institute for Health and Care Excellence, NICE) 에서 2009년에 발행된
  「Attention Deficit Hyperactivity Disorder: Diagnosis and Management of ADHD in Children, Young People and
  Adults.」
• D. Daley and J. Birchwood(2009) 가 작성한 ADHD에 관한 레뷰논문 「ADHD and academic performance :why does
  ADHD impact on academic performance and what can be done to support ADHD children in the classroom?」
• WILLIAM and MARY of School Education, Classroom Interventions for Attention Deficit/Hyperactivity Disorder
  Considerations Packet

목차

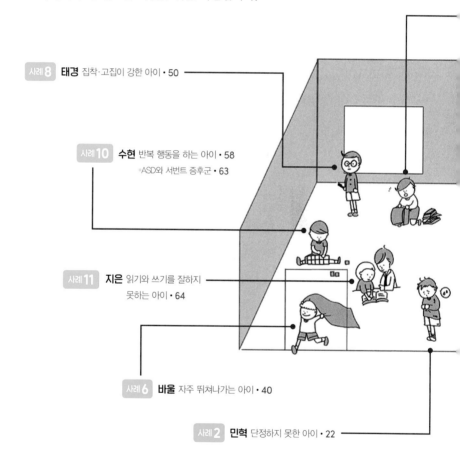

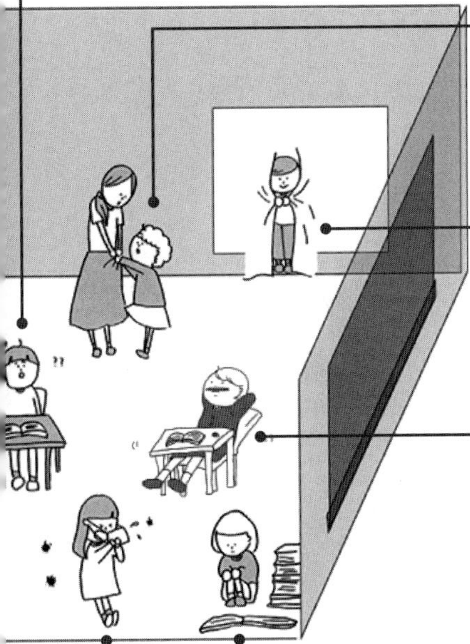

목차

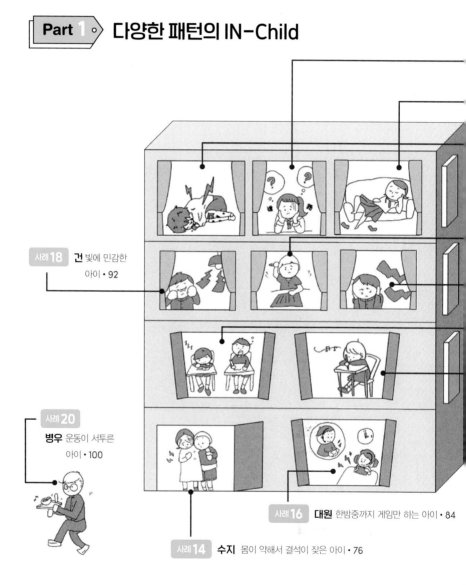

목차

어리광이 심한 아이

연희의 사례

연희는 친구들에게는 자주 장난을 치고, 선생님에게는 갑자기 안기거나 "이거 해 줘!"라며 응석을 부립니다.

수업 중에는 연필을 입에 물고 수업을 듣는 때도 있으며, 수업 진도를 따라가기 힘들 땐 울음을 터뜨리기도 합니다. 대체로 자기 생각대로 흘러가지 않는 일에 화를 내거나 패닉 상태에 빠지는 모습을 볼 수 있습니다.

그 외에 이런 일은 없나요…?

< 생활상의 모습 >

☐ 잠시도 가만있지 못한다.

☐ 주위 사람에게 쓸데없이 간섭한다.

☐ 옷에 손을 집어넣는다.

☐ 좋아하는 주제에 대해 말할 때는 쉬지 않고 계속해서 말한다.

☐ 자기 탓하는 것을 두려워하여 거짓말을 한다.

☐ 주변에 있는 친구보다 어른과 커뮤니케이션을 하고 싶어 한다.

☐ 사소한 일로 화를 내거나 우는 등 패닉 상태가 된다.

☐ 분명히 자신이 할 수 있는 일인데도 "이거 해 줘"라고 요구한다.

☐ 갑자기 껴안거나 때리는 행동으로 커뮤니케이션을 하려고 한다.

< 학습상의 모습 >

☐ 수업 중에 연필이나 지우개 등을 입에 넣고 씹는다.

☐ 연필과 지우개, 교과서, 노트 등을 잃어버린다.

☐ 숙제를 거의 제출하지 않는다.

☐ 수업 중에 기이한 소리를 낼 때가 있다.

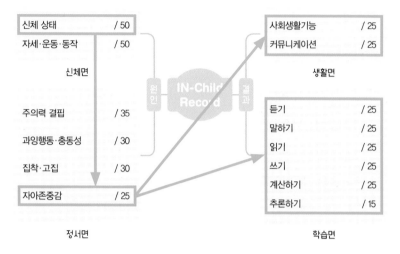

신체 상태	/ 50		사회생활기능	/ 25
자세·운동·동작	/ 50		커뮤니케이션	/ 25

신체면

생활면

주의력 결핍	/ 35		듣기	/ 25
과잉행동·충동성	/ 30		말하기	/ 25
집착·고집	/ 30		읽기	/ 25
			쓰기	/ 25
자아존중감	/ 25		계산하기	/ 25
			추론하기	/ 15

정서면

학습면

신체 상태의 점수가 낮으면 자아존중감에 영향을 미칩니다. 그 결과로 낮아진 자아존중감이
생활면과 학습면에 악영향을 주고 있는 패턴입니다.
IN-Child Record의 기록 및 분석 방법, 문항 세부내용 등은 220페이지에서 확인하실 수 있습니다.

지원 방향

학교나 가정에 「신체 상태」에 영향을 미치는 원인이 있을
수 있습니다. 이런 IN-Child에게는 꾸중하는 역할과 수
용하는 역할, 두 가지 역할의 연계가 필요합니다.

- 다른 선생님과의 연계(지원 교사와의 팀 티칭)
- 가정상황·학교 내의 교우관계 파악
- 마음 편히 쉴 수 있는 공간 제공

▌교사 간의 연계

☐ IN-Child Record를 사용하여 다른 선생님들과 정보를 공유한다.

☐ 지원교사와 협력하여 「꾸중하는 역할」, 「수용하는 역할」 두 가지로 역할을 나누어 지도한다.

> ❤ 구체적인 예
>
> 꾸중하며 주의 주는 경우
>
> ① 담임선생님은 「꾸중하는 역할」
>
> → '무엇을 잘못했는지'만을 전달한다.
>
> ② 또 다른 선생님은 「수용하는 역할」
>
> → ①에서 실시한 IN-Child 지도(지적받은 꾸중과 주의사항에 대해 어떻게 느꼈는지)를 확인하고 지도한다.

▌생활면의 지원

☐ 평소 수용적 태도를 기본으로 하되, 위험한 행동을 할 때는 단호히 꾸중한다.

☐ 쉬는 시간을 이용해서 알림장을 쓸 수 있도록 1대 1로 지원한다.

☐ 활동을 성취하면 「수용하는 역할」의 선생님이 칭찬한다.

→ 성취한 일을 「꾸중하는 역할」의 선생님에게도 전달하여 칭찬하게 한다.

→ 보호자에게도 연락하여 칭찬을 연계한다.

▌학습면의 지원

☐ 연필이나 지우개를 물거나 씹는 행위는 적절한 지도가 지속되면 불안감 감소와 함께 자연스레 줄어들기 때문에 꾸중하는 것은 좋은 방법이 아니다.

→ 꾸중하면 되려 관심받기 위한 행동을 하는 등 상태가 심화될 수 있다.

☐ 연필이나 지우개, 공책에는 이름을 쓰게 하고, 학급에 분실물 보관함을 설치하여 잃어버리더라도 찾을 수 있도록 한다.

🐾 IN-Child 패턴 2

민혁의 사례

  민혁이는 가끔 학교에 지각합니다. 늦게 등교를 하면서도 준비물을 두고 오는 경우가 많아, 연필이나 지우개를 옆의 친구에게 빌리는 일이 잦습니다.

  숙제는 열심히 해 올 때도 있지만, 거의 제출하지 않습니다. 민혁이에게 "왜 제출하지 않는 거야?"라고 물어보았지만, 말없이 바닥만 내려다봅니다.

22   우리 아이는 발달장애가 아닙니다

그 외에 이런 일은 없나요…?

< 생활상의 모습 >

☐ 더럽고 냄새가 나며 비위생적인 옷을 입고 있다.

☐ 머리카락이나 손톱 등이 청결하지 않다.

☐ 혼날 것 같으면 몸을 긴장시킨다.

☐ 감정의 기복이 심하다.

☐ 언제나 피곤한 모습이다.

☐ 책상 서랍이 정리되어 있지 않거나 텅 비어 있다.

☐ 공부뿐만 아니라, 복잡한 활동에 더욱 피곤해하거나 초조해한다.

☐ 한가지 생각에 강하게 집착하여 대화가 잘 안 되는 경우가 있다.

☐ 맨발로 있는 경우가 많다.

< 학습상의 모습 >

☐ 수업에 필요한 연필이나 지우개를 갖추고 있지 않다.

☐ 체육복에 더러운 얼룩이 남아있다.

☐ 숙제를 거의 제출하지 않는다.

☐ 시험시간에 다른 아이들보다 더 긴장한다.

☐ 쪽지 시험은 거의 백지 상태이다.

IN-Child Record

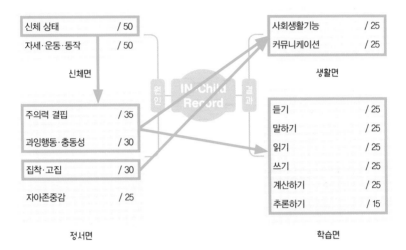

신체 상태	/ 50		사회생활기능	/ 25
자세·운동·동작	/ 50		커뮤니케이션	/ 25

신체면   생활면

주의력 결핍	/ 35		듣기	/ 25
과잉행동·충동성	/ 30		말하기	/ 25
집착·고집	/ 30		읽기	/ 25
			쓰기	/ 25
자아존중감	/ 25		계산하기	/ 25
			추론하기	/ 15

정서면   학습면

신체 상태의 점수가 낮으면 주의력 결핍과 과잉행동·충동성에 영향을 미칩니다. 그 결과로 주의력이 결핍되어 생활면과 학습면에 악영향을 주는 패턴이며 더하여 집착·고집의 낮은 점수도 생활면에 악영향을 끼치고 있습니다.

IN—Child Record의 기록 및 분석 방법, 문항 세부내용 등은 220페이지에서 확인하실 수 있습니다.

지원 방향

학교나 가정에 「신체 상태」에 영향을 미치는 원인이 있을 수 있습니다. 이런 IN-Child는 자신의 어려움을 이야기하지 않는 경우가 많아서 아래와 같이 신중하게 지원을 해야 합니다.

- 다른 선생님과의 정보 공유
- 선생님과 아이들 사이에 신뢰관계를 구축
- 가정상황·학교 내의 교우관계 파악
- 마음 편히 쉴 수 있는 공간 제공

▍ 교사 간의 연계

☐ IN-Child Record를 사용하여 다른 선생님들과 정보를 공유한다.

☐ 옷을 갈아입을 때 상처나 멍이 없는지 주의해서 본다.

▍ 생활면의 지원

☐ 평소 수용적 태도를 기본으로 하되, 위험한 행동을 할 때는 단호히 꾸중한다.

☐ 쉬는 시간을 이용해서 알림장을 쓸 수 있도록 개별적으로 지원한다.

☐ 책상 안의 정리는 쉬는 시간에 학급 전체가 일제히 실시한다.

　　→ 학급 전체의 활동으로 만들어 IN-Child에게만 관심이 집중되는 것을 피한다.

☐ "○○하니까 △△를 해냈네"라고 잘한 행동을 구체적으로

　　언어화하여 칭찬한다.

☐ 흥분한 상태일 때는 교실 밖으로 잠시 나갈 수 있도록 허락하고,

　　진정된 상태일 때 지도한다.

☐ 과제 및 활동 중 끝까지 해내는 것이 어려울 때는 중간 단계까지 지원한다.

　　❯❯구체적인 예

　　가방을 책상걸이에 걸지 않고 내던져 버리는 경우

　　① 가방을 책상까지 갖고 간다(지원).

　　② 가방을 책상걸이에 거는 것은 IN-Child가 한다.

▍ 학습면의 지원

☐ 가정학습은 쉬는 시간에 개별적으로 한다.

　　(또는 간단한 프린트를 준비해 둔다.)

항상 몸이 안 좋은 아이

민경의 사례

　민경이는 콧물이나 재채기가 잦아 학교 수업에 집중하지 못하는 것 같습니다. 항상 졸린 듯해 보이기도 하며 수업 중에는 멍하게 있거나, 책상에 엎드려 있습니다. 이렇게 몸 상태가 안 좋아 보이는 경우가 대부분이지만, 쉬는 시간이 되면 건강하게 뛰어다닙니다.

그 외에 이런 일은 없나요…?

< 생활상의 모습 >

☐ 언제나 몸이 좋지 않아 보인다.

☐ 비염 등 만성 질환이 있다.

☐ 학교를 쉬거나 지각하는 때가 많다.

☐ 피곤해 보이며 졸린 듯하다.

☐ 쉬는 시간에는 친구들과 함께 노는 모습이 보인다.

< 학습상의 모습 >

☐ 성적은 그다지 좋지 않다.

☐ 시험시간에는 거의 잔다.

☐ 수업이 시작되면 졸린 듯한 표정을 보인다.

☐ 졸지 않을 때도 집중하지 못한다.

☐ 다른 아이들보다 시작이 더디다.

☐ 책상에 자주 엎드려 있다.

☐ 공부를 할 때 불안한 모습을 보인다.

IN-Child Record   종합점수   / 410

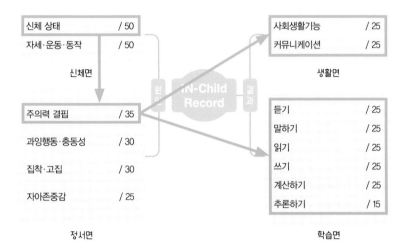

| 신체 상태 | / 50 |
| 자세·운동·동작 | / 50 |

신체면

주의력 결핍	/ 35
과잉행동·충동성	/ 30
집착·고집	/ 30
자아존중감	/ 25

정서면

| 사회생활기능 | / 25 |
| 커뮤니케이션 | / 25 |

생활면

듣기	/ 25
말하기	/ 25
읽기	/ 25
쓰기	/ 25
계산하기	/ 25
추론하기	/ 15

학습면

신체 상태의 점수가 낮으면 주의력 결핍에 영향을 미칩니다. 그 결과로 주의력이 결핍되어 집중력이 필요한 학습면에 영향을 주는 패턴입니다. 이런 패턴은 듣기와 계산하기, 추론하기에도 영향을 주는 경우가 많습니다. IN-Child Record의 기록 및 분석 방법, 문항 세부내용 등은 220페이지에서 확인하실 수 있습니다.

지원 방향

만성질환으로 인해 충분한 숙면을 취할 수 없어 아래와 같은 악순환이 반복될 수 있습니다.

→ 수면시간이 부족하여 피곤하다.

→ 피곤하기 때문에 집중하지 못한다.

→ 집중하지 못해 수업을 이해할 수 없다.

→ 수업을 이해하지 못해 재미가 없다.

● 가정과의 연계
● 주의력 향상을 위한 지도

▮ 가정과의 연계 · 환경정비

☐ 만성 질환으로 인해 공부에 집중할 수 없는 상황임을 알리고,
  병원 치료를 권유한다.

☐ 좌석 가까이에 또래 관계를 잘하는 아이나, 친한 친구를 앉혀
  같이 공부할 수 있는 환경을 만든다.

▮ 생활면의 지원

☐ 알고 있는 것부터 차근차근, 몸 상태를 고려하며 지원한다.

☐ "빨리 해!" 재촉하지 말고, 차분히 지도한다.

☐ 복용해야 할 약이 있으면 관리하는 습관이 몸에 익도록 돕는다.

  ❯❯ 구체적인 예
  • 복용하는 약에 관한 체크노트를 만든다.
  • 알람을 맞춰둔다.

▮ 학습면의 지원

☐ 성적이 단기간에 향상될 과제보다 기초학습을 보완하는 학습활동을 한다.

☐ 수업 중 멍하니 있을 때는 자주 말을 걸어 수업에 참가하게 한다.

☐ 흥미와 관심사를 파악하여 단순한 쓰기 연습보다는 스스로 사고할 수 있는
  활동을 권장한다.

☐ 친구와 짝을 이루어 액티브러닝 같은 수업을 실시한다.

똑바로 앉아 있지 못하는 아이

윤정의 사례

윤정이는 책상 밖으로 발을 내밀고, 어딘가 쳐다보면서 생각하는 듯한 모습을 자주 보입니다. 또, 시간이 지날수록 의자를 앞뒤로 흔들거리며 새우등이 된다거나 자세가 변해 갑니다. 수업 중에는 연필을 돌리는 등의 손장난을 치는 모습이 자주 발견되지만, 조별학습처럼 토론하는 상황이 되면 적극적으로 의견을 냅니다.

그 외에 이런 일은 없나요...?

< 생활상의 모습 >

☐ 잠시도 가만있지 못한다.

☐ 등받이에 기댄 채 쭈그려 앉는다.

☐ 의자에 걸터앉거나 앞으로 고꾸라져 앉는다.

☐ 다리를 꼬아 앉는다.

☐ 의자 위에 다리를 올려놓는 등, 앉기 어려운 자세를 취한다.

☐ 시간이 지날수록 자세가 변한다.

☐ 바른 자세를 취해도 점점 흐트러진다.

< 학습상의 모습 >

☐ 수업 중에 멍하게 앉아 있다.

☐ 무언가 생각하는 것처럼 보이기도 한다.

☐ 연필을 돌리는 등 손장난을 자주 한다.

☐ 긴 이야기는 알아듣지 못한다.

☐ 특히, 국어의 장문 독해나 산수의 서술형 문제를 풀 때 자세가 나빠진다.

☐ 조별학습 때는 의견을 잘 말한다.

IN-Child Record

종합점수	/ 410

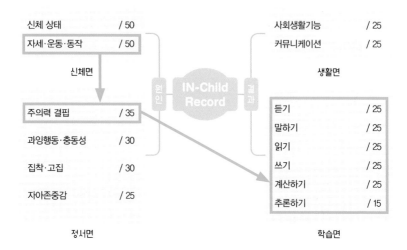

신체 상태	/ 50
자세·운동·동작	/ 50

신체면

주의력 결핍	/ 35
과잉행동·충동성	/ 30
집착·고집	/ 30
자아존중감	/ 25

정서면

사회생활기능	/ 25
커뮤니케이션	/ 25

생활면

듣기	/ 25
말하기	/ 25
읽기	/ 25
쓰기	/ 25
계산하기	/ 25
추론하기	/ 15

학습면

자세·운동·동작의 점수가 낮으면 주의력 결핍에 영향을 미칩니다. 그 결과로 주의력이 결핍되어 학습면에 악영향을 주는 패턴입니다. 이런 패턴은 계산하기와 추론하기에 영향을 주는 경우가 많습니다. IN–Child Record의 기록 및 분석 방법, 문항 세부내용 등은 220페이지에서 확인하실 수 있습니다.

지원 방향

나쁜 자세가 「주의력 결핍」에 영향을 주어 결과적으로 학습면에 영향을 끼치는 패턴입니다. 이런 IN-Child에게는 자세를 스스로 교정할 수 있도록 지원하는 것이 중요합니다.

- 나쁜 자세를 스스로 알아채고 고칠 수 있도록 하는 생활면의 지원
- 주의력 향상을 위한 학습면의 지원

▌생활면·환경정비

☐ 의자의 크기를 조정하고 흔들거리지 않는지 확인한다.

☐ 자세가 나쁠 때는 의자에 다리를 넣고, 쭈욱 앞으로 당기게 한다.

☐ 발밑에 발을 두는 곳을 나타내는 그림을 붙인다.

   ❖ 구체적인 예

   발밑에 오른발, 왼발의 마크를 붙인다.

   또, 책상의 오른쪽 위에「자세가 흐트러지면 다시 바로 앉는다」라는 메모를 붙인다.

☐ 등을 통통 두드리면, '자세를 바로 고친다'라는
   선생님과 둘만의 비밀 신호를 만든다.

☐ 옆자리에 앉아 있는 아이에게도 "자세가 비뚤어지면 알려 줘"라고
   말하여 도울 수 있도록 의식시킨다.

☐ 학급 전체가 할 수 있는 스트레칭을 틈틈이 실시한다.

   ❖ 구체적인 예

   잠깐 자리에서 일어나서 하는 기지개, 심호흡 등의 스트레칭.

▌학습면의 지원

☐ 책상 위에는 필요한 필기도구만을 꺼내 놓고 필요 없는 것은 필통에 넣는다.

☐ 손장난을 하고 있을 때에는 말을 건다. 그만두지 않을 경우, 장난의 대상이
   되는 물건을 맡아둔다.

   ❖ 구체적인 예

   "집중 못하는 것 같으니까, 잠깐 맡아둬도 될까? 나중에 돌려줄게"
   라고 말하고 맡아둔다.

   → 쉬는 시간, 방과 후 등에 시간을 내어서
      "다음부터 가지고 오지 않는 걸로 할까?"라고 전달할 것.

혼잣말

잠에서 깬 엄마 머리 같아…

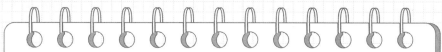

자세와 집중력의 관계

'바른 자세를 유지 하세요.'라고 주의 받은 사람은 많을 테지만, 왜 바른 자세를 유지해야 하는지를 정확히 알고 있는 사람은 적을 거라고 생각합니다.

바른 자세는 집중력과 깊은 관계가 있습니다. 앞으로 숙인 앉은 자세는 갈비뼈를 비틀어 폐를 압박합니다. 또한 폐가 펴지지 않아 깊은 호흡을 할 수 없고 그 결과 뇌로 가는 산소 공급량이 저하되어 집중력도 함께 저하되는 것입니다.

나쁜 자세인 새우등 자세는 머리 혹은 상반신의 무게를 앞으로 내민 목의 근육만으로 지탱해야 하므로 어깨 결림이나 요통을 얻기 쉽습니다.

인체 구조상 자연스럽게 새우등이 되기 쉽습니다. 따라서 집중력을 높이기 위해서는 올바른 자세로 앉는 것을 계속해서 의식하거나, 규칙적으로 일어나서 가벼운 운동을 하는 것이 좋습니다.

뭐든 잘 잊어버리는 아이

민의 사례

민이는 뭐든지 자주 잊어버려, 필통이나 교과서나 노트 같은 수업에 필요한 준비물 없이 수업에 참여하는 경우가 많습니다.

종례시간에는 내일 가지고 올 물건을 확인하고 약속도 합니다. "네! 내일 가지고 오겠습니다!"라고 씩씩하게 대답을 하지만, 다음날 확인하면 역시 뭔가가 하나 빠져있습니다.

그 외에 이런 일은 없나요...?

< 생활상의 모습 >

☐ 잠시도 가만있지 못한다.

☐ 친구와의 약속도 잊는 때가 많다.

☐ 정신차려보면, 원래 하려던 일이 아닌 다른 일을 하고 있다.

☐ 흥미와 관심이 있는 것에는 완전히 몰입해서 다른 것을 생각하기 어렵다.

☐ 청소나 정리정돈을 잘하지 못한다.

☐ 책상 서랍은 뒤죽박죽으로, 이전에 배포한 프린트나 필기구가
   책상 구석에 엉켜 있다.

< 학습상의 모습 >

☐ 수업 중에 집중을 하지 못한다.

☐ 필통, 교과서, 노트 등 잊어버리는 물건이 많다.

☐ 빌린 물건을 놓아 둔 곳을 잊어버린다.

☐ 수업에 집중하지 못하기 때문에 애초에 어떤 숙제를 내어 주었는지 모른다.

☐ 흥미와 관심이 있는 숙제는 확실하게 해 온다.

IN-Child Record

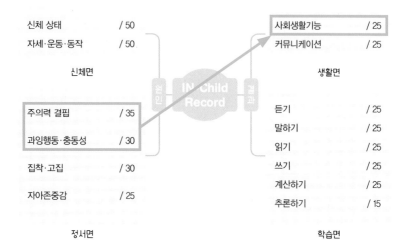

신체 상태	/ 50
자세·운동·동작	/ 50

신체면

주의력 결핍	/ 35
과잉행동·충동성	/ 30
집착·고집	/ 30
자아존중감	/ 25

정서면

사회생활기능	/ 25
커뮤니케이션	/ 25

생활면

듣기	/ 25
말하기	/ 25
읽기	/ 25
쓰기	/ 25
계산하기	/ 25
추론하기	/ 15

학습면

주의력 결핍과 과잉행동·충동성의 점수가 모두 낮으면 ADHD 경향이 있습니다. ADHD 경향에서
두드러지는 주의력 결핍이 사회생활기능에 악영향을 주는 패턴입니다.
IN-Child Record의 기록 및 분석 방법, 문항 세부내용 등은 220페이지에서 확인하실 수 있습니다.

지원 방향

「주의력 결핍」과 「과잉행동 · 충동성」이 「사회생활기능」에
영향을 주는 사례입니다.
이런 IN-Child는 꾸중을 들은 경험이 많기 때문에 칭찬
이 더욱 중요하며 가정과 연계한 일관성 있는 지원이 필
요합니다.

- 주의력 향상을 위한 대응
- 학습면에서의 대응
- 가정과의 연계
- 잘하면 칭찬하고, 잘하지 못해도 꾸중하지 않는다.

생활면 · 환경정비

- ☐ 지시를 내릴 때는 메모를 할 수 있는 시간을 준다.
- ☐ 프린트나 알림장은 전용 파일을 준비해, 선생님과 같이 장수를 확인한 후에 책가방에 넣는다.
- ☐ 물건을 놓아 둘 위치를 정하고 전부 이름표를 붙인다. 또는 보기 쉽게 시각화한 일러스트나 사진을 둔다.

  ⌄ 구체적인 예

  「정리가 잘 된 책상 서랍 사진」을 책상에 붙여놓는다.

- ☐ 다음날 필요한 물건의 체크리스트를 만든다.

  → 가정과의 연계

학습면의 지원

- ☐ 「수업에 필요한 물건을 두고 왔다면 옆사람에게 빌리거나 같이 사용한다」라는 학급규칙을 만든다.

가정과의 연계

- ☐ 내용물을 확인할 수 있는 클리어 홀더나 클리어 케이스를 사용한다.
- ☐ 각 교과마다 필요한 물건에 색깔 테이프나 이름표 등으로 라벨링한다.

  ⌄ 구체적인 예

  국어시간에 필요한 교과서, 공책, 단어 연습장의 책등에 붉은색 테이프를 붙인다.
  수학시간에 필요한 교과서, 공책, 계산 연습장의 책등에 파란색 테이프를 붙인다.

- ☐ 열쇠를 사용하는 아동이라면 열쇠에 방울을 달아 찾기 쉽도록 한다.
- ☐ 학교에서 준비한 체크리스트로 다음날 필요한 것을 준비시킨 다음, 함께 최종 확인을 한다.

자주 뛰쳐나가는 아이

바울의 사례

바울이는 수업 도중에 뭔가 생각난 듯이 교실 밖으로 뛰쳐나가곤 합니다. 이유를 묻자 "사육장의 토끼에게 먹이 주는 것을 깜빡했어!", "선생님이 뭐라고 말하는지 모르겠어서!", "밖에 뭔가 날고 있는 게 보였는데!"라고 합니다. 어느 정도 시간이 지나면, 안정된 상태로 어색하게 교실 안으로 들어옵니다.

그 외에 이런 일은 없나요...?

< 생활상의 모습 >

☐ 안절부절하며 손발을 가만두지 못한다.

☐ 하고 싶은 일은 자제하지 못한다.

☐ 자리를 이탈하거나 교실을 뛰쳐나가기도 하며 종종 바닥을 구르기도 한다.

☐ 주위의 아이들과 트러블이 있는 경우가 많다.

☐ 청소나 정리정돈을 잘하지 못한다.

☐ 책상 서랍은 뒤죽박죽으로, 이전에 배포한 프린트나 필기구가 책상 구석에 뒤섞여 있다.

< 학습상의 모습 >

☐ 이야기가 길어지면 중간부터는 알아듣지 못한다.

☐ 노트 필기를 어려워한다.

☐ 빌린 물건을 놓아 둔 곳을 잊어버린다.

☐ 단어나 계산 등 단발적인 과제는 잘한다.

☐ 장문 독해 등 집중력이 필요한 문제에는 주의력 저하가 눈에 띈다.

☐ 흥미와 관심이 있는 것에는 집중력을 발휘한다.

IN-Child Record

종합점수   / 410

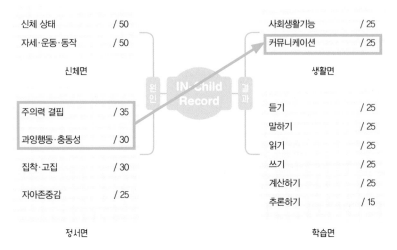

| 신체 상태 | / 50 | | 사회생활기능 | / 25 |
| 자세·운동·동작 | / 50 | | 커뮤니케이션 | / 25 |

신체면   생활면

주의력 결핍	/ 35		듣기	/ 25
과잉행동·충동성	/ 30		말하기	/ 25
			읽기	/ 25
집착·고집	/ 30		쓰기	/ 25
			계산하기	/ 25
자아존중감	/ 25		추론하기	/ 15

정서면   학습면

주의력 결핍과 과잉행동·충동성의 점수가 모두 낮으면 ADHD 경향이 있습니다. ADHD 경향에서 두드러지는 과잉행동·충동성이 커뮤니케이션에 악영향을 주는 패턴입니다.
IN–Child Record의 기록 및 분석 방법, 문항 세부내용 등은 220페이지에서 확인하실 수 있습니다.

지원 방향

「주의력 결핍」과 「과잉행동·충동성」이 「커뮤니케이션」에 영향을 주고 있습니다. 이런 IN-Child에게는 우선 안전성 확보가 필요하며 또래학습(Peer Teaching)을 함께 실시하여 적당한 자극을 주면서 학습 내용을 검토해 갈 필요가 있습니다.

- 아이의 안전 확보
- 또래학습(Peer Teaching)
- 학습내용의 검토

▌생활면의 지원

☐ 선생님이 말을 걸기 쉬운 위치, 또한 비교적 집중에 방해받지 않는
자리로 배치한다.

☐ 관심사나 특기에 맞추어 역할과 지위를 부여한다.

    ❖ 구체적인 예

    합당하게 교실을 돌아다니는 「프린트 배부 담당」 역할

    → 선생님을 도와주는 아이라는 지위

    공부를 잘한다면 「리틀 튜터」 역할

    → 공부를 잘해서 친구의 공부를 도와주는 아이라는 지위

☐ 사이좋은 친구를 옆자리에 앉게 하고, 조별학습보다는
1대 1의 또래학습을 실시한다.

☐ 교실을 뛰쳐나갔을 때는 반드시 돌아올 것을 약속한다.

    → 다시 교실로 돌아오기 쉬운 분위기를 만든다.

☐ 교실로 돌아와 안정이 됐을 때 지도한다.

    → 안정되지 않았을 때 지도를 하면 역효과가 나는 경우가 많음.

    ❖ 구체적인 예

    기분이 안정되었는지 본인에게 확인한 후에 지도한다.

▌학습면의 지원

☐ 게시물 등 환경의 시각적인 자극은 줄이고, 학습은 활동적으로 한다.

☐ 설명을 듣는 시간과 판서를 적는 시간을 따로 제공하고, 비디오 학습과
프린트 학습 등 학습의 방식을 바꾸어가며 수업을 진행한다.

☐ 한 번에 여러 정보를 전달하지 않고 간결하고 명확하게 지시를 내린다.

수업 중에 돌아다니는 아이

소현의 사례

소현이는 수업 중에 자주 교실 안을 돌아다니는, 집단활동에 어려움을 겪고 있는 아이입니다. 특히 서로 이야기하는 상황에서 자신이 생각한 것이나 느낀 것을 솔직하게 말하거나 행동으로 옮기는 것이 원인일 때가 많습니다. 그렇게 트러블이 발생하면 소현이는 창가로 가서 커튼을 몸에 휘감거나, 스크린 뒤로 숨습니다.

그 외에 이런 일은 없나요...?

< 생활상의 모습 >

☐ 안절부절하며 손발을 가만두지 못한다.

☐ 목소리가 크고, 떠드는 것을 좋아한다.

☐ 흥미나 관심이 있는 것에는 말하기를 멈추지 않는다.

☐ 생각한 것과 느낀 것을 솔직하게 말하고, 곧바로 행동으로 옮긴다.

☐ 자리를 자주 이탈하며 가끔 바닥을 구르기도 한다.

☐ 함축적인 말이나 싫은 소리를 해도 알아듣지 못하고, 단어 자체로만
   받아들일 때가 있다.

< 학습상의 모습 >

☐ 집단활동 중 다른 아이와 이야기할 때 문제가 되는 경우가 많다.

☐ 쓰는 것이 서툴러 어떤 내용의 글을 쓰고 있는지 알 수 없다.

☐ 노트 필기를 어려워한다.

☐ 상대방의 이야기가 길어지면 이해하기 어려워한다.

☐ 단어학습이나 계산학습 등 단발적인 과제는 잘한다.

☐ 장문 독해 등 집중력이 필요한 문제와 마주할 때 돌아다니는 일이 잦다.

☐ 긴 문장을 쓰는 학습상황에서 교실을 돌아다니는 일이 잦다.

IN-Child Record

종합점수   / 410

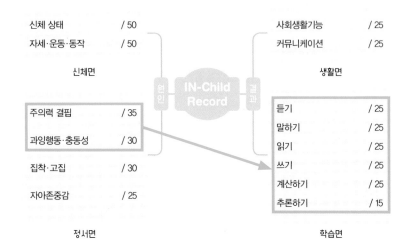

신체 상태	/ 50		사회생활기능	/ 25
자세·운동·동작	/ 50		커뮤니케이션	/ 25

신체면   생활면

주의력 결핍	/ 35		듣기	/ 25
과잉행동·충동성	/ 30		말하기	/ 25
			읽기	/ 25
집착·고집	/ 30		쓰기	/ 25
			계산하기	/ 25
자아존중감	/ 25		추론하기	/ 15

정서면   학습면

주의력 결핍과 과잉행동·충동성의 점수가 모두 낮으면 ADHD 경향이 있습니다. ADHD 경향이 학습면에 영향을 주는 패턴이며 특히 듣기와 쓰기, 계산하기에 악영향을 미치는 경우입니다.
IN-Child Record의 기록 및 분석 방법, 문항 세부내용 등은 220페이지에서 확인하실 수 있습니다.

지원 방향

「주의력 결핍」과 「과잉행동·충동성」이 학습면에 영향을 주고 있습니다. 이런 IN-Child는 특히 「듣기」를 중심으로 학습활동에 어려움을 겪고 있을 가능성이 높습니다.
또한, 학습내용을 이해할 수 없어서 수업 중에 돌아다니는 것일 수 있습니다.

- 또래학습(Peer Teaching)
- 집중할 수 있는 시간 확보
- 집중할 수 있는 장소 확보

생활면의 지원

☐ 사이좋은 친구를 옆자리에 앉게 하고, 조별학습보다는 1대 1의 또래학습을 실시한다.

☐ 수업 전에 학급 전체가 명상하는 시간을 도입해 집중할 수 있는 시간을 마련한다.

☐ 문제가 발생했을 때는 아이들을 떼어놓고, IN-Child를 조용한 장소로 데리고 가서 기분을 물어보고 공감한 뒤에 지도한다.

☐ 뛰어다니는 등 흥분한 상태에는 잠시 학급 밖으로 유도하고 진정된 뒤에 지도한다.

학습면의 지원

☐ 1회 수업에 여러 가지 활동을 도입한다.

❖ 구체적인 예

설명하는 시간, 판서를 옮겨 적는 시간, 비디오 학습, 프린트 학습, 자료조사 시간, 생각하는 시간, 발표하는 시간 등 활동을 전환해 가면서 학습활동을 진행한다.

☐ 정보가 너무 많으면 혼란스러우므로 간단하고 명확한 지시를 내린다.

☐ 해야 할 내용을 작게 나누어 세부적으로 목표를 설정한다.

→ 목표를 달성할 때마다 말로 칭찬한다.

☐ 「점수 제도」를 사용한 지도

❖ 구체적인 예

학습 태도가 좋을 때는 칭찬하며 점수를 주고, 그렇지 않을 때는 점수를 뺏는다.

혼잣말

국어 교과서…
어디 발이라도 달렸나?

ADHD 경향의 아동이 폭력적인 게 아닙니다!

흔히 ADHD 경향이 있는 IN-Child는 '폭력적'이라고 착각하는 경우가 많습니다. ADHD 경향의 특징인 「주의력 결핍」, 「과잉행동·충동성」은 학교와 가정에서 특히 눈에 띄기 쉬운데, 그 특징 때문에 ADHD 경향의 IN-Child 들은 여러 상황에서 혼나는 경험이 매우 많습니다.

혼나는 경험이 쌓이면 쌓일수록 누구든지 상처 받기 마련이며, '자신을 이해해 주는 사람이 없다'라는 생각에 좌절하며 폭력을 휘두르기 시작하는 경우가 많습니다. 하지만 이것은 ADHD 경향의 IN-Child에 국한된 것이 아니라, 그 누구라도 심지어는 어른이라도 해당하는 경우입니다. 그만큼 자신을 이해해 주는 사람이 없는 환경은 괴로운 것입니다.

해외 논문에서는 ADHD 경향이 있는 아동의 상당수가 교실 환경의 개선 및 학급 운영의 변경을 통해 ADHD 경향 특유의 문제 행동이 경감되는 것을 확인했습니다. 그러므로 교실 환경의 개선 방향성과 학급 운영방법에 대해서도 이후에 따로 설명하겠습니다.

집착·고집이 강한 아이

태경의 사례

태경이는 칫솔을 정말 좋아합니다. 자기 칫솔을 항상 손에 들고서 등교합니다. 특별히 사용하기 위해서가 아니라 그냥 가지고 있을 뿐입니다. 심지어 이를 닦을 때는 다른 칫솔을 사용합니다. 수업에 관계없다며 칫솔을 빼앗으면 패닉 상태가 됩니다.

그 외에 이런 일은 없나요...?

〈 생활상의 모습 〉

☐ 자동차, 곤충, 식물 등 특정 분야에 흥미가 있고, 그것에 대해서는
  싫증 내는 일이 없다.

☐ 특정한 행동 패턴이나 환경에 대한 집착이 있다.

  ❯❯ 구체적인 예
  자신만의 색연필 나열 방법
  항상 아침 일곱시에 집을 나서기

☐ 갑작스런 일정의 변경이나 예측할 수 없는 상황에 대한 불안감이
  강하며 그런 상황에 마주하면 패닉 상태가 되버린다.

☐ 흥미가 있는 것과 좋아하는 활동에 집착한다.

☐ 너무 집착해서 일상의 활동에 지장이 생긴다.

☐ 특정 단어나 문구를 반복해서 말한다. (TV CM의 대사 등)

☐ 자신의 관심사를 상대방에게 일방적으로 이야기한다.

〈 학습상의 모습 〉

☐ 수업과 관계없는 발언을 한다.

☐ 불안이 심해지면 가만히 앉아 있지 못하고 교실 안을 돌아다닌다.

☐ 활동이 변경되거나 집단 활동을 할 때 빈번히 문제를 일으킨다.

IN-Child Record

종합점수 | / 410

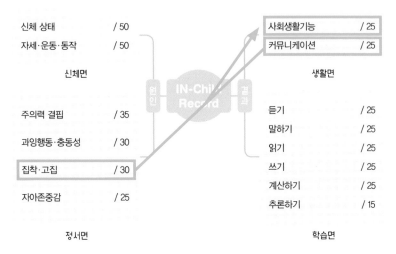

신체 상태	/ 50		사회생활기능	/ 25
자세·운동·동작	/ 50		커뮤니케이션	/ 25
신체면			**생활면**	
주의력 결핍	/ 35		듣기	/ 25
과잉행동·충동성	/ 30		말하기	/ 25
집착·고집	/ 30		읽기	/ 25
자아존중감	/ 25		쓰기	/ 25
			계산하기	/ 25
			추론하기	/ 15
정서면			**학습면**	

집착·고집과 커뮤니케이션의 점수가 모두 낮으면 ASD 경향이 있습니다. ASD 경향에서 두드러지는 집착·고집이 사회생활기능에 악영향을 주는 패턴입니다.
IN-Child Record의 기록 및 분석 방법, 문항 세부내용 등은 220페이지에서 확인하실 수 있습니다.

지원 방향

특히 「집착·고집」에 의해서 일상생활수행에 관여하는 「사회생활기능」에 악영향이 나타나는 패턴입니다. 이런 IN-Child에게는 예측 가능한 상황을 제시하는 것이 중요합니다.

- 앞으로의 일을 예측할 수 있도록 돕는 생활면에서의 대처 방법
- 일의 시작과 끝을 알기 쉽게 돕는 시각적 지원

▌생활면의 지원

☐ 특정 관심사에 관한 이야기만 해서 일상생활에 지장이 생기는 경우에는
"태경이는 △△△을 좋아하는구나! 그 이야기는 나중에 해주지 않을래?"
라고 말한다.

☐ 특정 단어나 문구를 반복해서 말할 때는 무리하게 말리지 않는다.

☐ 수업 일정에 변경이 있을 때는 청각적·시각적인 정보를 활용하여
가능한 빨리 전달한다.

  ❖ 구체적인 예
  그림카드(시각 정보)와 구두 설명(청각 정보)으로 학급 전체에 전달한 후,
  재차 IN-Child에게 그림카드를 전달한다.

☐ 다음날의 스케줄을 전날에 인지시킨다.

☐ 당일의 변경사항에 대해서는 그림과 문장으로 1교시 시작 전에 제시한다.

☐ 흥미 있는 것이나 좋아하는 활동에 집중하고 있을 때는 일단락을 지을 수
있도록 제안을 한 뒤, 그 활동이 정리되면 다음 활동으로 옮긴다.

  ❖ 구체적인 예
  "앞으로 10번 하면 마쳐요. 다음 활동은 ○○이니까 □□로 이동 합시다!"
  라고 단락을 설정하고 함께 카운트하면서 활동이 끝나기를 기다린다.

▌학습면의 지원

☐ 수업 중 돌아다닐 때는 안정되면 앉을 것을 약속하고, 기다린다.
  → 무리하게 앉히려고 하면 패닉 상태가 될 수 있다.

☐ 아이들과 문제가 발생했을 때는 아이들을 떼어놓고, IN-Child를
조용한 장소로 데리고 가서 기분을 물어보고 공감한 뒤에 지도한다.

혼자 노는 아이

은애의 사례

은애는 책 읽는 것을 가장 좋아해서 혼자서 놀 때가 많습니다. 친구들보다는 어른과 대화하는 걸 좋아하는데, 대화라기에는 일방적으로 이야기하는 경우가 많습니다.

조별활동 수업시간에 조원들과 의견을 교환할 때에도 다른 사람에게 기회를 주지 않고 혼자만 계속 이야기하려 합니다. 이야기하는 내용도 어려운 내용이라 주위의 아이들은 압도되어 공감을 할 수 없습니다. 의견을 교환하는 시간의 대부분을 은애만 말하기 때문에 대화가 정리되지 않습니다.

그 외에 이런 일은 없나요...?

〈 생활상의 모습 〉

☐ 친구들보다는 어른에게 말을 건다.

☐ 말을 문자 그대로 받아들인다.

⋙ 구체적인 예

선생님이 "공부할 마음이 없으면 집에 가"라고 했더니 정말로 집에 갔다.

☐ 상대방의 상황을 고려하지 않고 자신이 느낀 것을 당사자의 면전에서 바로 말하여 상처 주는 일이 있다.

⋙ 구체적인 예

학급의 아이에게 "와, 뚱뚱하네"라고 면전에서 말한다.

☐ 구체적이지 않은 지시를 수행하는 걸 어려워한다.

⋙ 구체적인 예

'조금'이나 '많은' 등의 명확하지 않은 표현을 이해하기 어려워한다.

〈 학습상의 모습 〉

☐ 조별활동에서 의견교환을 할 때도 혼자만 계속 말을 한다.

☐ 수업 중, 갑자기 문제의 답을 말해버리는 때가 있다.

☐ 집단활동의 규칙을 이해하고 상상하는 것을 어려워한다.

☐ 쓰는 것이 서툴다.

☐ 무언가에 집중하기 시작하면, 수업에 집중하지 못할 때가 있다.

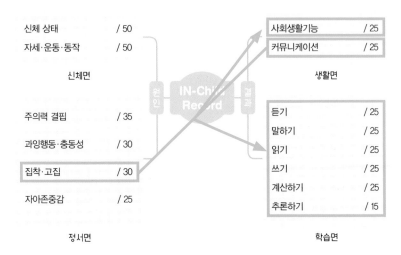

IN-Child Record

종합점수   / 410

신체 상태	/ 50
자세·운동·동작	/ 50

신체면

주의력 결핍	/ 35
과잉행동·충동성	/ 30
집착·고집	/ 30
자아존중감	/ 25

정서면

사회생활기능	/ 25
커뮤니케이션	/ 25

생활면

듣기	/ 25
말하기	/ 25
읽기	/ 25
쓰기	/ 25
계산하기	/ 25
추론하기	/ 15

학습면

집착·고집과 커뮤니케이션의 점수가 모두 낮으면 ASD 경향이 있습니다. ASD 경향이 학습면에 영향을 주는 패턴이며 특히 듣기와 말하기, 쓰기에 악영향을 미치는 경우입니다.
IN-Child Record의 기록 및 분석 방법, 문항 세부내용 등은 220페이지에서 확인하실 수 있습니다.

지원 방향

「커뮤니케이션」 능력이 저조해 수업 중의 「듣기」, 「말하기」에도 영향을 주고 있는 패턴입니다. 이런 IN-Child에게는 학습면에서 집단 참여에 관한 지원이 필요합니다.

- 학습면에서 집단 참여에 관한 지원
- 앞으로의 일을 예측할 수 있도록 돕는 생활면에서의 대처 방법

▌생활면의 지원

☐ 특정 관심사에 관한 이야기만 해서 일상생활에 지장이 생기는 경우에는
"은애는 □□□을 좋아하는구나! 그 이야기는 나중에 해주지 않을래?"
라고 말한다.

☐ 지시는 구체적으로 한다.

  ❯❯ 구체적인 예
  "조금 이따 하자" → "10분 후에 하자"
  "책상을 좀 옮겨줄래?" → "책상을 이 빨간 선까지 옮겨줄래?"
  이처럼 구체적인 기준을 설정해준다.

☐ 커뮤니케이션 상황에서 다른 사람에게 상처를 주었을 때 피해를 받은 아이
에게 '상처받은 내용/왜 상처받았는지/슬픈 이유'를 IN-Child에게 설명하
도록 한다. 상처를 준 IN-Child에게는 '상대가 슬퍼할 때는 설령 그것이 진
실이라도 사과할 것'을 말한다.

▌학습면의 지원

☐ 조별활동 중 의견을 교환할 때는 시간을 정하고 정해진 시간 내에
발표하도록 한다.

  ❯❯ 구체적인 예
  한 사람이 1분씩 의견을 발표한다.
  → 그 뒤, 5분간 발표한 의견에 관한 의견을 교환한다.

☐ 수업 중의 규칙을 명확하게 설정한다.

  ❯❯ 구체적인 예
  규칙 1: 문제의 정답을 알았을 때는 손을 들어 지명 받은 뒤에 발표할 것
  → 갑자기 정답을 말해버리는 행위의 대처 방법
  규칙 2: 다른 사람의 발표를 비웃지 않을 것
  → 비록 잘못된 답이어도 비웃지 않을 것

반복 행동을 하는 아이

수현의 사례

파란색을 엄청 좋아하는 수현이는 항상 제일 먼저 등교를 해서 책상 오른쪽 위에 파란색 블록을 나란히 세우는 것으로 하루를 시작합니다.

수현이는 산수를 잘하지 못하지만, 블록을 좋아해서인지 블록을 이용한 간단한 산수의 계산은 곧잘 해냅니다. 다만 산수의 서술형 문제는 블록을 이용한 것이어도 매우 어려워합니다. 국어시간에는 단어는 많이 알지만 작문을 매우 어려워합니다.

그 외에 이런 일은 없나요...?

< 생활상의 모습 >

☐ 편식이 심하다.

☐ 흥미가 있는 것과 좋아하는 활동에 집착한다.

☐ 너무 집착해서 일상에 지장이 생긴다.

☐ 특정 단어나 문구를 반복해서 말한다. (TV CM의 대사 등)

☐ 주위 상황을 고려하지 않은 채 자기가 하고싶은 일을 한다.

☐ 부정확한 규칙이나 분위기 및 상황 파악을 어려워한다.

< 학습상의 모습 >

☐ 단어나 계산 등 단발적인 과제는 잘한다.

☐ 장문 독해 문제에는 엉뚱한 답을 쓰기도 한다.

☐ 산수의 서술형 문제는 간단한 문제라도 수식으로 대입하기 어려워한다.

☐ 장문 독해 혹은 서술형 문제의 내용을 이해하기 어려워한다.

☐ 특히 문장 간의 인과관계를 이해하기 어려워한다.

IN-Child Record   종합점수   / 410

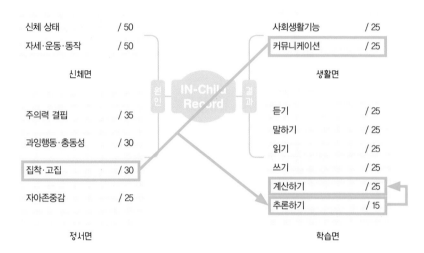

신체 상태	/ 50	사회생활기능	/ 25
자세·운동·동작	/ 50	커뮤니케이션	/ 25
신체면		**생활면**	
주의력 결핍	/ 35	듣기	/ 25
과잉행동·충동성	/ 30	말하기	/ 25
집착·고집	/ 30	읽기	/ 25
자아존중감	/ 25	쓰기	/ 25
		계산하기	/ 25
		추론하기	/ 15
정서면		**학습면**	

집착·고집과 커뮤니케이션의 점수가 모두 낮으면 ASD 경향이 있습니다. ASD 경향이 학습면의 계산하기와 추론하기에 영향을 주는 패턴입니다. 추론하기의 저하가 계산하기에 악영향을 끼치는 경우가 많습니다. IN–Child Record의 기록 및 분석 방법, 문항 세부내용 등은 220페이지에서 확인하실 수 있습니다.

지원 방향

ASD 경향으로 인해 「추론하기」가 서툴어서 단순 산수나 수학의 서술형 문제 등의 추론을 필요로 하는 「계산하기」에도 영향을 주는 패턴입니다. 이런 IN-Child에게는 스스로 추론할 수 있는 능력을 기를 수 있도록 일상생활 속에서 지도하는 게 중요합니다.

- IN-Child의 일상생활에 추론할 수 있는 기회를 자주 갖게 한다.
- 편식에 대한 지도

생활면의 지원

☐ 지시는 모두 구체적으로 한다.

    ⌄ 구체적인 예

"조금 이따 하자." → "10분 후에 하자."

"책상을 좀 옮겨줄래?" → "책상을 이 빨간 선까지 옮겨줄래?"

이처럼 구체적인 기준을 설정해준다.

☐ 편식에 대한 지도는 작은 목표부터 시작하며 서두르지 않는다.

    ⌄ 구체적인 예

① 우선은 좋아하는 음식을 남기지 않고 먹으면 칭찬한다.

② 먹어본 적 없는 음식은 적은 양부터 섭취를 시작한다.

    → 만약 먹기를 거부한다면, 거부한 음식을 도로 물리고,

       ①의 좋아하는 음식을 먹게 한다.

③ 이러한 방법으로 잘 먹지 않는 음식에 꾸준히 도전한다.

    → 한입이라도 먹으면, "싫어하는 음식인데도 먹었네, 정말 잘했어!"라고

       구체적으로 칭찬한다.

학습면의 지원

☐ 문자 정보뿐만 아니라 그림이나 도표 등 다양한 형태의 정보로 지도한다.

☐ 시험을 치를 때 그림으로된 힌트를 추가해 그림 속의 정보를 정리하면
쉽게 풀 수 있는 형식의 문제를 만들어 둔다.

☐ 필요하다면, 산수 수업이나 테스트 때 반구체물의 사용을 허용한다.

☐ 구체물 → 반구체물 → 숫자를 단계적으로 수업에 활용하여
수의 개념을 이해하여 수를 활용하게 한다.

    ⌄ 구체적인 예

(구체물)사과나 귤이나 구슬, (반구체물)블록 등으로 구체물과 반구체물

그리고 숫자를 번갈아가며 지도한다.

혼잣말

너와 함께라면 두렵지 않아!

ASD(자폐스펙트럼장애)와 서번트 증후군

ASD를 겪는 사람 중 특정 분야에 한해서 뛰어난 능력을 발휘하는 경우가 있는데, 이를 서번트 증후군이라고 합니다. (Howlin et al., 2009).

서번트 증후군의 예를 알아 볼까요?

- 무작위로 뽑은 연월일의 요일을 맞출 수 있다.
- 한순간에 본 경치나 사진을 세세한 부분까지 그림으로 재현할 수 있다.
- 책이나 전화번호부, 주기표 등을 암기할 수 있다.
- 음악을 한 번만 듣고도 재현할 수 있다.

특히, 달력의 계산 능력을 가진 경우가 많은데, 서번트 증후군을 가진 아동 중 50%가 이 능력을 지닌 것은 아닐까? 라는 추측을 할 정도입니다.(Salovita et al., 2000:Howlin et al., 2009).

이런 IN-Child들을 현재의 교육체제로 대응하기에는 한계가 있습니다. 그래서 소외되는 아이 없이 사회가 필요로 하는 인재로 육성하기 위한 「통합교육」이 필요한 것입니다.

읽기와 쓰기를 잘하지 못하는 아이

지은의 사례

지은이는 교과서를 잘 읽지 못합니다. 행을 건너뛰고 읽거나 단어를 건너뛰어 읽습니다. 그 때문에 교과서를 음독할 때 다른 아이들보다 시간이 많이 소요됩니다.

글자를 따라 읽는 것만으로도 급급해 문장을 이해하지 못하므로, 내용의 이해가 어려워 시험을 치를 때 시간 내에 제출하는 것이 어렵습니다.

그 외에 이런 일은 없나요...?

< 생활상의 모습 >

☐ 잃어버리는 물건이 많다.

☐ 비슷한 발음을 헷갈려 한다.

⌄ 구체적인 예

담그다 → 잠그다

거울 → 겨울

☐ 개별적으로 이야기하면 알아듣지만, 집단 상황에서는
알아듣기 어려워한다.

☐ 많은 것을 기억할 수 없어, 듣기에 오류가 발생한다.

☐ 열심히 듣지만, 내용을 이해하기 어려워한다.

☐ 판서를 받아 적는 시간이 오래 걸린다.

→ 그 결과, 수업 따라가기가 벅차다.

< 학습상의 모습 >

☐ 음독이 느리고 특히 긴 문장 읽기를 어려워한다.

☐ 문장 중간의 구절이나 행을 빼버리거나 반복해서 읽는다.

☐ 거꾸로 읽거나 글자 모양을 혼동한다.

☐ 글자 모양이나 크기가 가지런하지 않다.

☐ 거울 문자(거울에 비친 모양의 문자)를 쓰는 일이 있다.

IN-Child Record

신체 상태	/ 50		사회생활기능	/ 25
자세·운동·동작	/ 50		커뮤니케이션	/ 25
신체면			**생활면**	
주의력 결핍	/ 35		듣기	/ 25
과잉행동·충동성	/ 30		말하기	/ 25
집착·고집	/ 30		읽기	/ 25
			쓰기	/ 25
자아존중감	/ 25		계산하기	/ 25
			추론하기	/ 15
정서면			**학습면**	

읽기와 쓰기의 점수가 모두 낮으면 SLD 경향이 있습니다. SLD 경향은 원인과 결과라는 상관관계를 파악할 수 없는 경향입니다.

IN–Child Record의 기록 및 분석 방법, 문항 세부내용 등은 220페이지에서 확인하실 수 있습니다.

지원 방향

「읽기」, 「쓰기」의 어려움이 「자아존중감」에 영향을 주는 패턴입니다. 무리하게 읽기나 쓰기를 지도하기보다, 읽기 쓰기의 대체 수단을 제공하고 주변 사람에게 도움을 요청할 수 있는 힘을 기르도록 돕는 것이 중요합니다.

- 친구에게 도움을 요청할 수 있는 사회적 능력의 향상
- 읽기 쉬운 수업 자료 작성

생활면의 지원

☐ 학급 전체의 규칙을 만든다.

   ❯❯ 구체적인 예

   • 모르는 것이 있을 때는 다른 사람에게 질문을 한다.

   • 어려운 문제는 다른 사람에게 도움을 요청한다.

☐ 알림장을 쓰는 것이 어려울 때는 알림 내용이 적힌 프린트를 배포한다.
   또는 점심시간에 천천히 알림장을 작성하는 시간을 갖는다.

학습면의 지원

☐ 교과서를 읽다가 읽을 수 없는 글자가 있다면, 주위 사람에게 물어보게 한다.

☐ 수업 중에 혼자서 교과서를 읽는 상황을 만들지 않는다.

   → 자아존중감이 저하될 수 있음

   ❯❯ 구체적인 예

   조별로 낭독하게 하여, 한 구절만 읽는 것에 집중할 수 있도록 한다.

☐ 프린트를 나눠줄 때는 행간이나 문자 사이를 넓게 작성하여 건네준다.

☐ 문장 앞에 번호를 단다.

☐ 읽으려는 문장에 손가락이나 자를 갖다 맞추어서 읽는 연습을 한다.

☐ 한 줄만 보이게 하는 형태의 도구를 만들어 그 외의 부분을 가린다.

☐ 문자 정보뿐만 아니라 그림이나 도표 등 다양한 형태의 정보로 지도한다.

☐ 새로운 단원에 들어가기 전에는 쉬는 시간이나 방과 후 등에 함께 예습한다.

가정과의 연계

☐ 보호자와 함께 교과서를 예습한다.

산수를 매우 못하는 아이

용준의 사례

용준이는 산수를 잘하지 못합니다. 초등학교 저학년 때부터 산수를 잘하지 못해서 간단한 덧셈도 손가락을 사용해서 계산하곤 합니다. 2자리 이상의 숫자를 다룰 때는 자리올림과 자리내림이 어려워서 항상 같은 실수를 되풀이하고 맙니다.

학습뿐만 아니라, 일상생활 중에도 숫자를 활용해야 하는 상황에 맞닥뜨리면 매우 곤란해합니다.

그 외에 이런 일은 없나요…?

< 생활상의 모습 >

☐ 일상생활에서 커뮤니케이션 문제는 특별히 없다.

☐ 숫자가 활용되는 상황을 이해하기 어려워한다.

　❖ 구체적인 예

　• 시계를 읽지 못해 '7:30 집합'을 이행할 수 없다.

　• "교과서 53쪽을 펴세요"라는 지시에 35쪽을 펴려고 한다.

< 학습상의 모습 >

☐ 간단한 숫자나 기호를 이해하기 어려워한다.

☐ 자리올림과 자리내림을 이해하지 못한다.

☐ 수의 크고 작음을 잘 모른다.

☐ 계산 공식을 외우지 못한다.

☐ 간단한 계산이라도 손가락을 사용한다.

　→ 따라서 계산 시간이 지체된다.

☐ 구구단을 외는데 계산이 필요하여 시간이 걸린다.

☐ 구구단을 외우고 있어도, 계산에 응용하지 못한다.

☐ 시간과 공간을 이해하기 어려워한다.

☐ 부주의한 실수가 많고 같은 실수를 반복한다.

IN-Child Record

종합점수

신체 상태	/ 50		사회생활기능	/ 25
자세·운동·동작	/ 50		커뮤니케이션	/ 25
신체면			**생활면**	
주의력 결핍	/ 35		듣기	/ 25
과잉행동·충동성	/ 30		말하기	/ 25
			읽기	/ 25
집착·고집	/ 30		쓰기	/ 25
			계산하기	/ 25
자아존중감	/ 25		추론하기	/ 15
정서면			**학습면**	

계산하기와 추론하기의 점수가 모두 낮으면 SLD 경향이 있습니다. SLD 경향은 원인과 결과라는
상관관계를 파악할 수 없는 경향입니다.
IN–Child Record의 기록 및 분석 방법, 문항 세부내용 등은 220페이지에서 확인하실 수 있습니다.

지원 방향

계산과 추론이 서투르기 때문에, 숫자를 필요로 하는 학습면
과 생활면에 영향을 미치는 패턴입니다.
이런 IN–Child에게는 계산에 필요한 대체 수단을 제공하고
계산이나 추론이 필요할 때 주변 사람에게 도움을 요청할 수
있는 힘을 기르도록 돕는 것이 중요합니다.

- 친구에게 도움을 요청할 수 있는 사회적 능력의 향상
- 보조도구를 활용한 학습

▌생활면의 지원

☐ 학급 전체의 규칙을 만든다.

　　❯❯구체적인 예
- 모르는 것이 있을 때는 다른 사람에게 질문을 한다.
- 어려운 문제는 다른 사람에게 도움을 요청한다.

▌학습면의 지원

☐ 교과서에 모르는 문제가 있을 때 주위 사람에게 물어보게 한다.

☐ 문자 정보뿐만 아니라 그림이나 도표 등 다양한 형태의 정보로 지도한다.

☐ 구체물 → 반구체물 → 숫자를 단계적으로 수업에 활용하여 수의 개념을 이해하여 수를 활용하게 한다.

　　❯❯구체적인 예
(구체물)사과나 귤이나 구슬, (반구체물)블록 등으로 구체물과 반구체물 그리고 숫자를 번갈아가며 지도한다.

☐ 두 자리 이상의 세로식 덧셈 뺄셈을 할 때 자릿수에 보조선을 긋는다.
　　→ '나는 보조선이 있으면 할 수 있어!'라고 이해시킨다.
　　→ 10의 자리와 100의 자리에 보조선을 긋는 습관을 갖게 한다.

☐ 숙제는 한 페이지당 한두 개의 문제를 풀도록 한다. (시험도 같은 방법으로)

☐ 필요하다면, 산수 수업이나 시험 때 반구체물의 사용을 허용한다.

☐ 필요하다면, 계산기를 사용하도록 한다.

☐ 상황에 따라 구두로 답을 할 수도 있도록 환경을 정비한다.

그림만 그리는 아이

신영의 사례

신영이는 그림 그리는 걸 아주 좋아합니다. 어느 상황에서든 그림 그리는 모습을 볼 수 있을 정도입니다.

수업 중에 선생님이 주의를 주면 손을 멈추기는 하지만, 곧이어 노트나 교과서에 그림을 그리기 시작합니다. 그래서 신영이의 교과서는 그림으로 가득합니다.

마음을 다잡고 공부하려고 해도, 가득한 그림 때문에 교과서의 글자를 읽기 어렵습니다.

그 외에도 이런 일은 없습니까...?

< 생활상의 모습 >

- ☐ 쉬는 시간에도 계속 그림을 그린다.
- ☐ 도서관 활동 시에는 조용하게 잘 참가하고 있다.
- ☐ 그림책의 모사를 좋아한다.
- ☐ 친구의 그림을 보는 것도, 친구와 그림을 그리며 노는 것도 좋아한다.
- ☐ 마음에 드는 그림이나 잘 그린 그림은 소중히 간직한다.
- ☐ 사람 얼굴은 기억을 잘 하는데, 사람 이름은 곧잘 잊어버린다.

< 학습상의 모습 >

- ☐ 언제든 연필과 종이만 있으면 그림을 그린다.
- ☐ 교과서나 시험지, 프린트의 가장자리 등 그릴 수 있는 모든 곳에
  그림을 그리기 때문에 학습활동에 집중하지 못한다.
- ☐ 그린 그림이 방해가 돼서 교과서나 프린트의 문자를 읽기 어렵다.
- ☐ 주의를 주면 그림 도구를 서랍에 넣지만, 잠시 후면 다시 그림을 그린다.

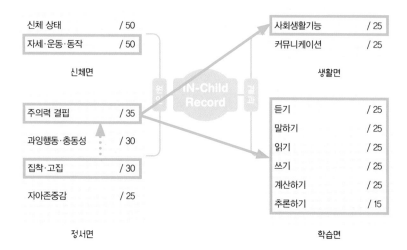

신체 상태	/ 50	사회생활기능	/ 25
자세·운동·동작	/ 50	커뮤니케이션	/ 25

신체면   생활면

주의력 결핍	/ 35	듣기	/ 25
과잉행동·충동성	/ 30	말하기	/ 25
집착·고집	/ 30	읽기	/ 25
자아존중감	/ 25	쓰기	/ 25
		계산하기	/ 25
		추론하기	/ 15

정서면   학습면

집착·고집의 낮은 점수가 주의력 결핍에 영향을 미치고 있을 가능성이 있습니다. 주의력이 결핍되어 커뮤니케이션 및 학습면 전반에 영향을 주는 패턴입니다.
IN–Child Record의 기록 및 분석 방법, 문항 세부내용 등은 220페이지에서 확인하실 수 있습니다.
* 점선 : 영향을 미칠 가능성이 있다.

지원 방향

수업 중에 활동의 전환을 하지 못하고 계속 그림을 그리기 때문에 「집착·고집」의 점수가 낮게 나옵니다. 여기서의 집착·고집이란 그것을 멈추게 하면 패닉 상태가 되는 경우를 포함합니다.

그림을 잘 그리는 것은 이 IN–Child의 특징이므로, 억지로 그만두게 하지 말고 학급 내에서 적절한 지위와 역할을 부여하여 수업중의 규칙을 습관화할 필요가 있습니다.

● 학습면 · 생활면의 지위와 역할 부여
● 자아존중감의 향상

▌생활면의 지원

☐ 그림 그리는 시간을 규칙적으로 설정한다.

☐ 그림을 활용하는 역할을 준다.

> ❯ 구체적인 예
>
> 게시물 담당 → 교실 내 게시물 만드는 일을 담당하고 관리한다.
>
> 종이 인형극 담당 → 교과서에 나온 이야기를 종이 인형극으로 만든다.
>
> 도서 담당 → 그림책에 관한 감상과 함께 소개한다.

☐ 작품을 모두의 앞에서 소개하는 등, 칭찬하는 상황을 적극적으로 만든다.

▌학습면의 지원

☐ 수업 시간은 그림을 그리는 시간이 아니라는 것을 개별적으로
짧고 분명하게 전한다.

☐ 수업에 필요한 것 이외에는 책상 속에 넣도록 한다.

> ❯ 구체적인 예
>
> 학급 규칙 만들기 → 수업이 끝나면 다음 수업의 준비물을 책상 위에 두고서
> 쉬는 시간 즐기기

☐ 집중하지 못하는 날에는 수업이 끝나기 3분 전에 칠판에 다같이
그림 그리는 시간을 갖는다.

☐ 시험지나 프린트물 등에 그림을 그렸을 때는 야단치지 말고
그림에 대한 코멘트를 써준다.

☐ 수업 중이나 개별학습 시간에 그림 그리는 활동을 도입한다.

> ❯ 구체적인 예
>
> '그림이나 문장으로 설명하세요' 등의 질문을 활용한다.

몸이 약해서 결석이 잦은 아이

수지의 사례

수지는 학교를 좋아하지만, 신체적으로 힘들어서 등교를 하지 못할 때가 있습니다. 아침에 엄마가 방까지 수지를 깨우러 가지만, 침대에서 일어나지 못합니다.

학교에 온다고 해도, 학급 활동에 참가하지는 못합니다. 몸이 아플 때가 많아 대부분 보건실에서 지냅니다. 걱정하는 친구들이 보건실로 수지를 보러오지만, 수지가 다시 친구들과 교실로 돌아가기는 어려울 때가 많습니다.

그 외에 이런 일은 없나요...?

< 생활상의 모습 >

☐ 지각이나 결석이 잦다.

☐ 입이 짧아 먹는 식사의 양이 극단적으로 적든지(영양부족),
  식욕을 억제하지 못해 먹는 양이 극단적으로 많다(영양과다).

☐ 체중 변동이 심하다.

☐ 학교에 와서도 보건실이나 상담실에서 지낸다.

☐ 교실까지 걷는 것이 힘들고, 금방 숨이 차다.

☐ 야외 활동 시에는 쉽게 체력이 떨어지고, 쉽게 기분이 나빠진다.

☐ 활동에 참가하여도 도중에 컨디션이 나빠져
  끝까지 못하는 경우가 있다.

☐ 의욕이 없어서 에너지마저 없어 보인다.

☐ 몸이 안 좋아 교실에 들어가기 싫다고 느끼면,
  배가 아프거나 호흡이 안정되지 않는다.

< 학습상의 모습 >

☐ 집중력이 짧아 앉은 채로 끝까지 수업을 듣기가 어렵다.

☐ 시험 전이나 발표회 등의 행사가 있는 날에도
  컨디션이 나빠져 결석할 때가 많다

☐ 수업에 참여해도 발표 차례가 되면 갑자기 몸이 안 좋아진다.

IN-Child Record

종합점수 | / 410

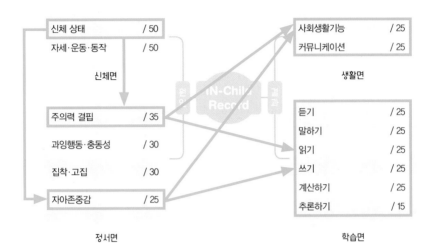

| 신체 상태 | / 50 |
| 자세·운동·동작 | / 50 |

신체면

주의력 결핍	/ 35
과잉행동·충동성	/ 30
집착·고집	/ 30
자아존중감	/ 25

정서면

| 사회생활기능 | / 25 |
| 커뮤니케이션 | / 25 |

생활면

듣기	/ 25
말하기	/ 25
읽기	/ 25
쓰기	/ 25
계산하기	/ 25
추론하기	/ 15

학습면

신체 상태의 점수가 낮으면 주의력 결핍과 자아존중감에 영향을 미칩니다. 그 결과로 주의력이 결핍되고 자아존중감이 낮아져 생활면 전반과 학습면 전반에 악영향을 주는 패턴입니다.
IN–Child Record의 기록 및 분석 방법, 문항 세부내용 등은 220페이지에서 확인하실 수 있습니다.

지원 방향

몸이 병약 · 허약 체질인 탓에 일상생활에 문제가 발생하고 있습니다. 몸 상태에 따라 '활동에 참가할 수 있는 지원방법'을 항상 준비해두어야 합니다.
또한, 마음 편히 교실을 출입할 수 있도록 학급 아이들과 어떠한 형태로든 관계를 맺어 주는 것이 좋습니다.

- 가정과의 연계
- 생활면 · 학습면에서의 커뮤니케이션 지원

▎가정과의 연계

- ☐ 가정과 밀접하게 연락을 취하여, 가정에서의 모습이나 학교활동 시의

  주의사항 등을 공유한다.

▎생활면의 지원

- ☐ 학급 아이들의 이해를 구해, 학급 내 교환일기 등으로 매일의 활동을 공유한다.
- ☐ 지각이나 도중 참가 및 조퇴하더라도 학급활동에 어느 정도

  참가할 수 있는지를 확인한다.

  → 아이가 교실로 돌아왔을 때는 과한 주목을 하지말고,

    평상시처럼 대할 수 있도록 학급 분위기를 만든다.
- ☐ 참가할만한 학급활동에는 격려의 말을 건넨다.
- ☐ '언제라도 몸 상태에 맞추어 참가할 수 있다'라고 명확하게 전한다.

▎학습면의 지원

- ☐ 사이가 좋은 친구와 짝꿍을 하도록 하고, 수업에 페어 학습활동을 도입한다.
- ☐ 가능하다면 지원교사의 도움을 받아 학습 지연이 발생하지 않도록 배려한다.
- ☐ 의견교환 등의 조별활동에는 소인원의 조에 참가시킨다.

수업 중에 조는 아이

진우와 준호 이야기

진우와 준호는 언제나 졸리다는 말을 입버릇처럼 하며 책상 위에 엎드려 있습니다. 수업 중에 선생님이 주의를 주면 자세를 바로잡고 수업에 임하지만, 금방 하품을 하곤 합니다.

둘 다 너무 졸린 것 같아서 일주일 중 하루는 보건실에서 쉴 수 있도록 조치했습니다. 보건실 선생님이 수면 부족에 관한 여러 개선방안을 주고 있지만 별로 개선되고 있지 않습니다.

그 외에 이런 일은 없나요...?

< 생활상의 모습 >

☐ 항상 하품을 한다.

☐ "졸려..."가 입버릇이고 책상 위에 푹 엎드려 있는 때가 많다.

☐ 주의를 주면 그 자리에서는 자세를 바로 잡고 수업에 임하지만,
   시간이 지날수록 점점 책상 위에 엎드려 버린다.

☐ 너무 졸린 것 같아서 보건실에서 쉬도록 하는 때가 있다.

☐ 일정한 수면을 취하면 그 이후의 학급활동은 순조롭게 참가한다.

< 학습상의 모습 >

☐ 토론은 적극적으로 참가한다.

☐ 신체를 움직이는 체육 수업에는 적극적으로 참가한다.

☐ 가정학습을 제출하지 않거나 일주일 치를 한꺼번에 제출한다.

☐ 제출한 시험지의 글자가 중간부터 삐뚤어져 있다.

IN-Child Record

종합점수   / 410

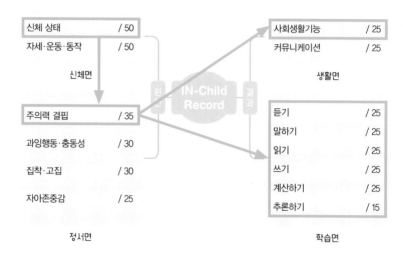

신체 상태	/ 50
자세·운동·동작	/ 50

신체면

주의력 결핍	/ 35
과잉행동·충동성	/ 30
집착·고집	/ 30
자아존중감	/ 25

정서면

사회생활기능	/ 25
커뮤니케이션	/ 25

생활면

듣기	/ 25
말하기	/ 25
읽기	/ 25
쓰기	/ 25
계산하기	/ 25
추론하기	/ 15

학습면

신체 상태의 점수가 낮으면 주의력 결핍에 영향을 미칩니다. 그 결과로 주의력이 결핍되어
사회생활기능이나 학습면에 영향을 주는 패턴입니다.
IN–Child Record의 기록 및 분석 방법, 문항 세부내용 등은 220페이지에서 확인하실 수 있습니다.

지원 방향

평소의 모습에서 볼 수 있듯이 수면 부족의 영향이 커 보입
니다. 따라서 「신체 상태」의 점수가 낮아져 결과적으로 학
습면의 부주의에도 영향을 주고 있을 가능성이 있습니다.
그러므로 수면 부족의 원인이 되는 요인을 찾기 위해 가정과
연계하여 생활 습관을 개선할 필요가 있습니다.

- 가정과 연계하여 수면 시간 관리
- 학습면의 지원방법 검토

▍ 교사 간의 연계

☐ IN-Child Record를 공통언어로 사용하여 다른 선생님들과
구체적인 정보를 공유한다.

˅ 구체적인 예
보건실 방문 횟수 등

▍ 가정과의 연계

☐ 학교에서의 모습을 객관적으로 알리고, 수면시간 등 가정에서의 모습을
파악한다. → 수면 부족의 원인을 살펴보고, 공동 대책을 마련한다.

˅ 구체적인 예
• "학교에서 굉장히 많이 졸려 하는데, 집에서는 잠을 충분히 잡니까?"
• "학교에서는 특히 ○교시나 프린트로 학습할 때 너무 졸려하며
엎드려 있을 때가 많아 몸 상태가 걱정됩니다."

☐ 알림장을 활용하여 학교와 가정의 정보를 자주 교환한다.

☐ 가정과 학교에서 생활습관의 개선 등 공동의 목표를 공유한다.

▍ 생활 · 학습면의 지원

☐ 수면시간을 객관적으로 파악할 수 있도록 스스로 수면시간을
기록하게 하여 자기관리를 할 수 있게 한다.

☐ 체험적인 활동을 늘리고, 흥미있는 학습활동을 도입한다.

˅ 구체적인 예
• 발표의 기회 늘리기
• 학급 전원이 일어나서 교과서를 읽고 수업을 시작한다.
• 친구에게 자기 말로 설명하거나 친구의 설명을 듣는 또래활동을 도입한다.

☐ 학습 장소에 변화를 준다. → 도서관이나 컴퓨터실 등 평상시와 다른 장소에서
활동하는 것으로 기분을 전환한다.

IN-Child 패턴 16

한밤중까지 게임만 하는 아이

대원의 사례

대원이는 학교에서 항상 피곤한 얼굴을 하고 있습니다. 정말 피곤한 탓인지 학교 활동에 적극적으로 참여하는 모습을 볼 수 없습니다. 물론 수업에 집중하는 모습도 보이지 않습니다.

친구 관계는 좋은 것 같지만, 대화 내용은 항상 "어제는 레벨 업 했어!", "오늘은 5시부터 시작이야!"라며 게임에 관한 이야기만 나눕니다.

그 외에 이런 일은 없나요...?

< 생활상의 모습 >

☐ 게임에 관한 이야기만 한다.

☐ 늦잠으로 지각이나 결석을 하거나, 등교하기를 꺼려한다.

☐ 눈 밑의 그늘과 졸린 모습이 하루 종일 보인다.

☐ 평상시는 온화하지만, 욱하는 모습도 관찰된다.

☐ 가끔 정서가 불안정한 모습을 볼 수 있다.

☐ 자신이 좋아하는 활동에는 특히 발언이 많아진다.

☐ 집에서는 게임을 하면서 다른 활동을 함께 한다.

    ❱ 구체적인 예

      • 게임을 하면서 숙제를 한다.

      • 게임을 하면서 밥을 먹는다.

☐ 그림을 그릴 때 게임에 나올 듯한 것들만 그린다.

< 학습상의 모습 >

☐ 수업 중에 무기력하고 졸린 듯한 모습이 보인다.

☐ 수업 중, 친구에게 자주 말을 걸거나 집중하지 못하는 모습이 보인다.

IN-Child Record

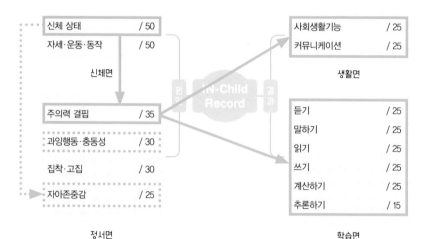

신체 상태	/ 50
자세·운동·동작	/ 50

신체면

주의력 결핍	/ 35
과잉행동·충동성	/ 30
집착·고집	/ 30
자아존중감	/ 25

정서면

사회생활기능	/ 25
커뮤니케이션	/ 25

생활면

듣기	/ 25
말하기	/ 25
읽기	/ 25
쓰기	/ 25
계산하기	/ 25
추론하기	/ 15

학습면

신체 상태의 점수가 낮으면 주의력 결핍에 영향을 미칩니다. 그 결과로 주의력이 결핍되어 생활면과 학습면에도 영향을 주는 패턴입니다.

IN-Child Record의 기록 및 분석 방법, 문항 세부내용 등은 220페이지에서 확인하실 수 있습니다.

* 점선 : 영향을 미칠 가능성이 있다.

지원 방향

게임이라는 강한 자극을 일상적으로 받고 있기 때문에 자극이 부족한 수업에는 주의력 결핍과 과잉행동 · 충동성을 보입니다. 「신체 상태」 중에서도 「지속하는 피로감, 활동성 저하가 보인다」라는 문항이 특히 영향을 끼치고 있습니다. 게임 외에 열중할 수 있는 무언가가 필요하므로 대체활동을 함께 찾아보는 노력이 중요합니다. 또한 게임시간을 스스로 관리할 수 있는 능력을 길러야 합니다.

- 가정과 연계한 게임시간 관리
- 게임 외 열중할 대체활동 검토
- 마음 편히 쉴 수 있는 공간 제공

▮ 가정과의 연계

☐ 게임기와 휴대폰의 이용 규칙을 아이와 부모가 의논하여 정한다.

　→ 억지로 게임을 못하게 하는 것이 아니라,

　　스스로 결정하게 함으로써 책임감을 갖게 한다.

❖ 구체적인 예

- 식사 중이나 목욕 중, 화장실 안이나 침대 속에서는

　게임기나 휴대폰을 만지지 않는다.

- 반드시 방에서 혼자 게임하지 않는다는 규칙을 만든다.

- 게임기나 휴대폰을 방으로 가지고 가지 않는다.

☐ 정해진 규칙이라도 서로 이야기 하면서 변경하며 개선해 나아간다.

▮ 생활면의 지원

☐ 자신의 상태를 객관적으로 파악하게 한다.

❖ 구체적인 예

- 스케줄 수첩을 만들어 매일의 게임 시간을 메모한다.

　⇒ 하루 중, 몇 시간을 게임에 소비하고 있는지 자각시킨다.

- 무기력하다, 힘이 없다, 졸리다, 집중할 수 없다 등

　평소에 느끼는 신체적인 증상을 기록한다.

☐ 다른 취미를 찾는 것을 도와서 게임에 사용할 시간을 분산시킨다.

▮ 학습면의 지원

☐ 공부를 잘 가르쳐주는 친구의 옆이나, 함께 공부할 수 있는 비슷한 실력의

　친구 옆으로 자리를 배치한다.

의견을 내지 못하는 아이

윤아의 사례

윤아는 자신의 의견을 잘 써내지 못합니다. 무엇을 써야 좋을지 잘 모르겠다며 손을 멈춰 버립니다. 다른 아이의 문장을 따라 쓸 수는 있습니다.

또한, 작성한 의견을 사람들 앞에서 발표하는 것도 잘하지 못합니다. 어떻게든 말해보려 하지만 긴장해서 말문이 막혀 버립니다.

그 외에 이런 일은 없나요...?

< 생활상의 모습 >

☐ 친구가 많고 잡담도 한다.

☐ 사소한 일이라도 스스로 결정할 수 없거나 시간이 걸린다.

☐ 자신의 의견을 말하는 것을 어려워한다.

☐ 장시간 이야기를 나누면 혼란스러워 하며,
  패닉 상태가 되거나 멍하니 아무 생각도 할 수 없게 된다.

< 학습상의 모습 >

☐ 자신의 의견을 써내려 할 때는 손이 멈추거나 몸이 굳어 버린다.

☐ 예시가 있어도 작문하는 것을 어려워한다.

☐ 작문을 하더라도 몇 줄로 끝나 버린다.

☐ "아무거나 써도 좋아요"라고 말하면 '감상도 의견도 없다', '아무것도
  생각나지 않는다', '무엇을 써야할지 모르겠다'라고 대답한다.

☐ 의견을 써내지 못할 때는 계속 종이를 보고 있든지,
  책상에 엎드려 자는 척을 한다.

IN-Child Record

종합점수   / 410

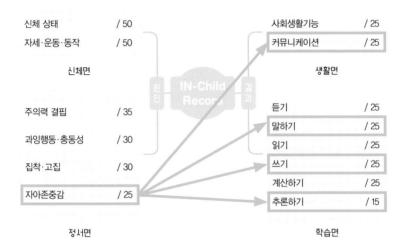

신체 상태	/ 50		사회생활기능	/ 25
자세·운동·동작	/ 50		커뮤니케이션	/ 25
신체면			**생활면**	
주의력 결핍	/ 35		듣기	/ 25
과잉행동·충동성	/ 30		말하기	/ 25
집착·고집	/ 30		읽기	/ 25
자아존중감	/ 25		쓰기	/ 25
			계산하기	/ 25
			추론하기	/ 15
정서면			**학습면**	

자아존중감의 점수가 낮으면 말하기와 쓰기, 추론하기에 영향을 미칩니다. 또한 자아존중감이 커뮤니케이션에도 영향을 주고 있는 패턴입니다.
IN–Child Record의 기록 및 분석 방법, 문항 세부내용 등은 220페이지에서 확인하실 수 있습니다.

지원 방향

다른 아이들보다 무언가를 생각하는 데 시간이 더 필요한 아이에게 「쓰기」나 「추론하기」 등의 활동은 서투를 수밖에 없습니다. 이런 IN–Child에게는 생각하는 시간에 제한을 두면서도 초조해하지 않도록 지원하는 것이 중요합니다. 또한 일상생활 속의 화제를 중심으로 사고할 수 있도록 기회를 넓혀주어야 합니다.

● 「쓰기」나 「추론하기」에 관한 학습면의 지원

가정과의 연계

☐ 대화 속에서 「육하원칙＋느낀 점」을 포함시킨 질문이나 피드백을 주고 받는다.

　❯❯ 구체적인 예

　"오늘 그네 타고 놀지 않았어?"

　"어디서 놀았어?" → "공원에서 놀았어."

　"누구랑 놀았는데?"→ "○○랑 놀았어."

　"오늘은 ○○랑 같이 공원에서 그네를 타고 놀았구나!"

　⇒ 내용을 정리하여 피드백한다.

　"오늘 바람이 차갑던데, 그네탈 때 춥지는 않았니?"

　→ "나는 안 추웠는데 친구들은 춥다고 했어."

　"친구들은 춥다고 했구나."

　⇒ 아이가 한 말을 반복하여 피드백한다.

생활면의 지원

☐ 일상생활 중 있었던 화제를 끄집어 낸다.

　❯❯ 구체적인 예

　친구들과 좋아하는 애니메이션 이야기를 하고 있다.

　→ "○○라는 애니메이션을 좋아 하는구나! 어떤 점이 재미있어?

　　선생님에게도 가르쳐 줬으면 좋겠어."

학습면의 지원

☐ 느낀 점이나 의견을 적기 어려워할 때 초조해하지 않도록,

　쓸 수 있는 내용에 관해 물어보는 방식으로 지원한다.

☐ 평상시 나누던 대화 중에서 몇 가지를 제안한다.

　→ "전에 ○○가 좋다고 했었지? ○○에 대해서 써보면 어때?"

☐ 테마가 정해져있는 작문활동은 미리 도서관 등에서 조사할 수 있도록 지원한다.

빛에 민감한 아이

건의 사례

건이는 빛에 유독 민감한 아동입니다. 한 번은 자리 교체로 창문 가까이에 앉게 된 적이 있는데, 창문으로 들어오는 빛 때문에 도저히 공부에 집중할 수 없었습니다.

형광등 아래에서도 금방 피곤해하거나 머리가 아프다고 합니다. 문장을 읽는 것조차도 힘이 들어 오랜 시간 계속 읽을 수 없습니다.

그러다 피곤해지면 책상에 엎드려 자기 일쑤인데, 깨워서 이유를 물으면 "눈이 피곤하다…"고 말합니다.

그 외에 이런 일은 없나요...?

〈 생활상의 모습 〉

☐ "형광등 불빛이 깜빡거린다"라고 말하는 때가 있다.

☐ 빛에 민감해서 밝은 전구가 설치된 방에만 들어가도
기분이 나빠지거나 머리가 아프거나 한다.

☐ 카메라 플래시도 싫어해서 사진을 찍고 싶어 하지 않는다.

☐ 싫어하는 무늬나 다양한 색이 조합되면 내용을 읽지
못할 때가 있다.

☐ TV와 컴퓨터 화면은 눈부셔서 쳐다보기 힘이 든다.

☐ 형광등이나 전구가 반짝반짝 하는 것에도 과민해진다.

☐ 붐비는 장소 등 움직임이 많은 상황을 피곤해 한다.

〈 학습상의 모습 〉

☐ 여러 사람과 이야기 하는 상황에서는 점점 지쳐가는 모습이 보인다.

☐ 형광등을 교체하면, 일정 기간 동안은 빛이 강해서 수업에
집중하지 못한다.

☐ 햇볕이 강한 날은 특히 집중하지 못한다.

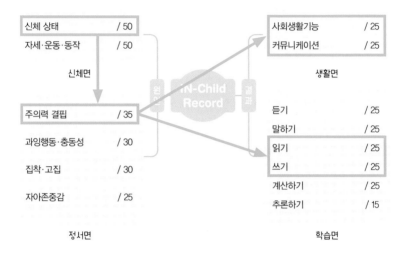

| 신체 상태 | / 50 |
| 자세·운동·동작 | / 50 |

신체면

주의력 결핍	/ 35
과잉행동·충동성	/ 30
집착·고집	/ 30
자아존중감	/ 25

정서면

| 사회생활기능 | / 25 |
| 커뮤니케이션 | / 25 |

생활면

듣기	/ 25
말하기	/ 25
읽기	/ 25
쓰기	/ 25
계산하기	/ 25
추론하기	/ 15

학습면

신체 상태의 점수가 낮으면 주의력 결핍에 영향을 미칩니다. 그 결과 주의력이 결핍되어
읽기와 쓰기에 영향을 주는 패턴입니다.
IN-Child Record의 기록 및 분석 방법, 문항 세부내용 등은 220페이지에서 확인하실 수 있습니다.

지원 방향

강한 빛에 자극을 받은 것처럼 주변 환경으로 인해 「주의
력 결핍」이 생길 수 있습니다. 그 결과 「읽기」와 「쓰기」 등
의 시각을 활용하는 학습에 영향을 주는 패턴입니다.
이런 IN-Child에게는 공부하기 쉽도록 교실환경의 정비
와 학습면의 지원이 필요합니다.

● 교실 환경정비
● 「읽기」나 「쓰기」에 관한 학습면의 지원

가정과의 연계

☐ 빛의 밝기나 색이 조절되는 도구를 설치한다.

   ❖ 구체적인 예
   • 밝기 조절이 가능한 조명이나 간접조명의 설치
   • 차광 커튼의 설치로 밝기 조절

☐ 외출할 때는 모자나 선글라스를 착용하고, 기분이 나빠졌을 때
   쉴 수 있는 장소를 확보하는 등 대응책을 만든다.

생활면의 지원

☐ 장소에 따라서 선글라스나 모자를 착용하여 빛의 자극을 조절한다.
   → 학교에 IN-Child가 선글라스나 모자를 착용하는 것을 이해시킨다.
☐ 조명 바로 아래를 피하고 가장자리에 앉히는 등 자리를 조정한다.
☐ 창으로 들어오는 빛의 양을 조정할 수 있도록 칸막이 패널을 사용한다.

학습면의 지원

☐ 주변 친구들의 도움을 받아 학습활동에 참가할 수 있도록 돕는다.
☐ 프린트나 배포물의 색상 고려하기
   → 어떤 색이나 상황에 피로를 느끼는지 파악하여 학습하기 쉬운 환경으로
      정비하고, 그 내용을 다른 선생님 및 가정과 공유한다.
   → 하얀색 종이는 빛이 반사되어 눈을 자극할 수 있으므로, 그림이나 무늬가
      없는 책받침이나 색상이 있는 클리어 파일을 사용한다.
   → 프린트를 나눠줄 때는 읽기 쉬운 색상의 종이에 인쇄한다.

소리에 민감한 아이

정수의 사례

정수는 큰 소리를 들을 때면 항상 힘들어 합니다. 축제나 합창대회, 체육 대회가 열릴 때면 "너무 시끄러워서 머리가 아파…"라며 학교를 쉬곤 합니다. 정수는 이런 학교 행사를 즐기고 싶어하지만, 도저히 참가할 수가 없습니다.

조용한 장소라도 수업 중 의견을 교환해야 하는 토론 같은 상황에는 귀가 쉽게 피곤해져 이야기를 알아들을 수 없는 경우가 많습니다.

그 외에 이런 일은 없나요...?

< 생활상의 모습 >

☐ 특정한 소리나 목소리에 민감하다.

　　❖ 구체적인 예

　　스피커 소리, 사이렌 소리, 아기 울음소리 등

☐ 큰 소리에 민감해서 귀를 막는 모습이 자주 보인다.

☐ 수업 중 시끄러운 상황이 발생하면 안절부절하는 모습이 보인다.

☐ 많은 사람이 참여하는 학교 행사는 소음이 너무 커서,

　　두통이나 구토를 일으키므로 참가하기 어렵다.

☐ 시계의 초침, 환기구의 소리 등 생활소음이 신경 쓰여, 일상생활에

　　지장을 초래한다.

< 학습상의 모습 >

☐ 대화할 때 피곤해 한다.

☐ 대화할 때 주위의 다른 목소리가 신경이 쓰여 대화상대에

　　집중하지 못해 대화 내용을 빠뜨리는 일이 많다.

☐ 키보드 치는 소리가 싫어서 컴퓨터를 사용하는 활동에 집중할 수 없다.

☐ 시험을 치를 때, 연필 소리가 신경쓰여 집중을 할 수 없다.

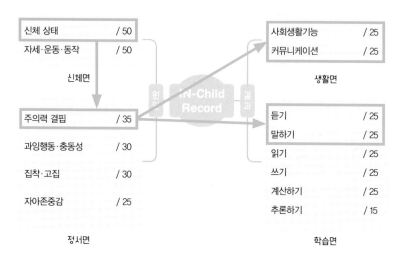

IN-Child Record

신체 상태	/ 50
자세·운동·동작	/ 50

신체면

사회생활기능	/ 25
커뮤니케이션	/ 25

생활면

원인   IN-Child Record   결과

주의력 결핍	/ 35
과잉행동·충동성	/ 30
집착·고집	/ 30
자아존중감	/ 25

정서면

듣기	/ 25
말하기	/ 25
읽기	/ 25
쓰기	/ 25
계산하기	/ 25
추론하기	/ 15

학습면

신체 상태의 점수가 낮으면 주의력 결핍에 영향을 미칩니다. 그 결과 주의력이 결핍되어
듣기와 말하기에 악영향을 주는 패턴입니다.
IN–Child Record의 기록 및 분석 방법, 문항 세부내용 등은 220페이지에서 확인하실 수 있습니다.

지원 방향

고성과 소음이 많은 환경을 견디기 힘들어 「주의력 결핍」
이 나타날 가능성이 높습니다. 그 결과, 「듣기」나 「말하기」
등 청각을 활용하는 학습에 지장을 초래하고 있습니다.
이 IN–Child에게는 공부하기 쉬운 교실 환경의 정비와
학습면에서의 지원이 필요합니다.

- 교실 환경정비
- 「듣기」나 「말하기」에 관한 학습면의 지원

가정과의 연계

- 소음을 막아주는 귀마개나, 방음용 이어패드, 소음방지 기능이 있는 헤드폰이나 이어폰을 활용한다.
- 방음 가공한 커튼을 설치한다.
- 조용한 장소에서의 쇼핑이나 이벤트에 참가한다.

  ❱ **구체적인 예**

  사람이 적은 시간에 외출한다.

- 외출할 때는 소음으로 인해 지치고 힘들 때 쉴 수 있는 장소(자동차 안)를 확보해둔다.

생활면의 지원

- 복도 쪽 자리를 피하고, 주변에는 조용한 친구들을 앉혀 가능한 조용한 장소로 자리를 배치한다.
- 학급에서 일상적으로 사용하는 책상이나 의자 다리에 쿠션이나 테니스공을 활용하여 소음이 발생하지 않도록 한다.

학습면의 지원

- 영상을 보는 학습활동은 헤드폰과 자막을 이용한다.
- 조별학습을 할 때는 다른 조의 대화가 들리지 않도록, 최대한 조용한 환경을 선정해준다.
- 수업 종소리 등의 예측이 가능한 큰 소리는, 사전에 "큰 소리가 날 거에요."라고 전달한다.
- 큰 소리로 주의를 주지 않는다.

※ 어떤 소리나 상황에 피로를 느끼는지 파악하여 학습하기 쉬운 환경으로 정비하고, 그 내용을 다른 선생님 및 가정과 공유한다.

운동이 서투른 아이

병우의 사례

병우는 어릴 때부터 몸으로 하는 활동이 어려웠습니다. 체조를 하거나 춤을 출 때 다른 아이들처럼 움직일 수 없었습니다. 도형을 그리거나 종이를 오리거나 컴퍼스를 사용하는 손가락을 사용하는 작업들도 매우 서툽니다.

그 외에 이런 일은 없나요...?

< 생활상의 모습 >

☐ 걷기 · 달리기 · 점프처럼 몸 전체를 사용하는 운동을 잘하지 못한다.

☐ 실을 꿰거나 가위질 등 손가락을 사용하는 작업을 힘들어 한다.

☐ 손과 발, 손과 머리 등 신체를 동시에 움직이는 것을 어려워한다.

☐ 급식판이나 물이 든 양동이 등을 옮길 때 내용물을 흘릴 때가 많다.

☐ 걸을 때 자주 넘어지거나, 책상이나 문 등 어딘가에 자주 부딪친다.

☐ 운동을 잘하지 못해서 밖에서 놀려고 하지 않는다.

☐ 운동을 잘하지 못하는 것에 콤플렉스를 가지고 있다.

< 학습상의 모습 >

☐ 체육 활동에 적극적으로 참여하려 하지 않는다.

☐ 글씨체가 가늘어 무엇을 썼는지 모를 때가 많다.

IN-Child Record

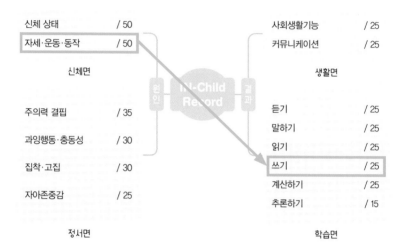

종합점수	/ 410

신체 상태   / 50

자세·운동·동작   / 50

신체면

주의력 결핍   / 35

과잉행동·충동성   / 30

집착·고집   / 30

자아존중감   / 25

정서면

사회생활기능   / 25

커뮤니케이션   / 25

생활면

듣기   / 25

말하기   / 25

읽기   / 25

쓰기   / 25

계산하기   / 25

추론하기   / 15

학습면

자세·운동·동작의 낮은 점수가 쓰기에 영향을 주는 패턴입니다.
IN-Child Record의 기록 및 분석 방법, 문항 세부내용 등은 220페이지에서 확인하실 수 있습니다.

지원 방향

운동을 버거워하는 아이는 의외로 많습니다. 그러나 운동을 잘하지 못한다고 해서 운동을 그만둬 버리면 신체의 성장뿐만 아니라 마음의 성장에도 악영향이 나타날 수 있습니다.

이 IN-Child처럼 운동에 관한 부정적인 의식이 강해 일상생활까지 영향을 받는 경우에는 무리하게 운동을 시켜서는 안 됩니다. 체육수업을 통해 운동의 프로세스를 분명히 알도록 하여 작은 성과에도 칭찬해가면서 지레 겁먹지 않게 지도하는 것이 중요합니다.

- 가정과의 연계를 통한 운동 습관의 정착
- 부정의식의 극복

가정과의 연계·생활면의 지원

☐ 목표를 명확히 하고, 소규모 활동에 참가시킨다.

   ✔구체적인 예

   목표「올바른 자세로 달릴 수 있다」

   <프로세스>

   ① 팔 흔드는 방법만 연습한다.　　② 걸음걸이만 연습한다.

   ③ 제자리에서 팔 흔들기 · 걸음걸이를 동시에 실시한다.

   ④ 천천히 달린다.　　　　　⑤ 짧은 거리를 달린다.

☐ 활동을 잘하지 못하여도 비교하거나 서두르지 않고, 나무라지 않는다.

   ⇒ 다른 아이와 비교되는 것만으로도 마음이 초조해져 실수를

      연발하게 되거나 활동 자체가 싫어질 수 있다.

☐ 개선점을 지도할 때는 "조금만 더 하면 되겠는데! ○○하면 잘 될 거야!"

   등의 할 수 있다는 응원의 말을 건넨다.

☐ 활동을 잘 해냈을 때는 바로 칭찬한다.

학습면의 지원

☐ 아동의 손에 맞는, 사용하기 쉬운 연필/펜을 제공한다.

☐ 신발 끈을 묶기 어려워 한다면, 찍찍이 신발을 권유한다.

☐ 도구를 사용할 때는 한단계씩 진행하도록 한다.

   ✔구체적인 예

   가위를 사용할 때는

   ① 미리 종이에 줄을 그어 놓아 자를 장소를 명확히 해 둔다.

   ② 가위를 들고 있는 손을 고정하고, 자를 종이를 움직여서 자른다.

☐ 체육시간 때 공 준비 담당, 호령 담당 등의 역할을 줌으로써 운동을 잘하지

   못하더라도 체육시간이 즐거울 수 있도록 한다.

하고 싶은 것을 찾지 못하는 아이

유정의 사례

중학생인 유정은 자기가 하고 싶은 것을 찾지 못했습니다. 수업 중에는 시시하다는 듯이 팔꿈치를 괴며 수업을 받습니다.

담임선생님이 진로 희망을 물어보아도 "특별히 하고 싶은게 없어요…", "잘하는 것도 없고…"라고 대답합니다. 진학하고 싶은 고등학교를 물어도 "고등학교는 가고 싶지 않아요"라고 아무렇게나 툭 답을 던집니다.

그 외에 이런 일은 없나요…?

〈 생활상의 모습 〉

☐ 일상생활에서 스스로 선택하는 상황이 적거나,
　　스스로 선택하려 하지 않는다.

❥ **구체적인 예**
  • 무엇을 원하는지 무엇이 필요한지를 부모나 교사가 선택하게 한다.
  • 무엇을 원하는지 무엇이 필요한지를 주위의 눈치를 보면서 선택한다.

☐ 쉬는 시간을 여러 친구들과 보내는 모습을 볼 수 있지만,
　　본인은 친구가 적다고 말한다.

☐ 자발적으로 행동하는 일이 적다.

☐ 행동으로 옮기기까지 시간이 걸린다.

☐ 이상은 높지만 실패하는 것이 두렵다고 생각하는 듯한 발언을 한다.

〈 학습상의 모습 〉

☐ "○○의 의견과 같다"고 발언하는 경우가 많고,
　　자신의 의견을 말하려고 하지 않는다.

☐ 대화하는 상황이 되면 책상에 엎드려 피해버린다.

☐ 진지하게 임하는 것이 부끄럽다고 여길 때가 있다.

☐ 학습에 관한 콤플렉스가 있으며 열등감이 강하다.

IN-Child Record

종합점수   / 410

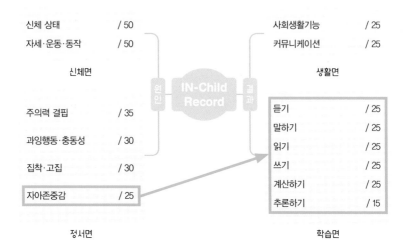

신체 상태	/ 50
자세·운동·동작	/ 50

신체면

주의력 결핍	/ 35
과잉행동·충동성	/ 30
집착·고집	/ 30
자아존중감	/ 25

정서면

사회생활기능	/ 25
커뮤니케이션	/ 25

생활면

듣기	/ 25
말하기	/ 25
읽기	/ 25
쓰기	/ 25
계산하기	/ 25
추론하기	/ 15

학습면

자아존중감의 낮은 점수가 학습면 전반에 영향을 주는 패턴입니다.
IN–Child Record의 기록 및 분석 방법, 문항 세부내용 등은 220페이지에서 확인하실 수 있습니다.

지원 방향

하고 싶은 것을 찾지 못하는 아이는 스스로 선택할 기회가 없었거나 「정답」만이 올바른 대답이라는 생각에 오답이 두려워 대답하지 못하는 경우가 많습니다.
이 IN-Child의 경우는 학습과 일상생활을 연결시키면서 천천히 성공체험을 경험하게 하는 것이 중요합니다.

- 교실 환경정비
- 「듣기」나 「말하기」에 관한 학습면의 지원

▌가정과의 연계·생활면의 지원

☐ 하고 싶은 것을 찾지 못했어도 비교하거나 재촉하지 않는다.

⇒ 다른 아이와 비교되는 것만으로도 마음이 초조해져 실수를 연발하게

되므로 진로탐색 자체에 의욕을 잃을 수 있다.

☐ 정보를 입수할 수 있는 기회를 만든다.

❖ 구체적인 예

• 도서관에서 책을 읽거나 영화를 보게 한다.

• 휴일에 체험활동을 하게 한다.

⇒ 바다나 강에서 하는 자연체험

⇒ 휴일에 「스스로 점심 만들기」 생활체험

⇒ 지역의 행사나 쓰레기 줍기 등에 참가하기

(휴대폰을 만지지 않는 등 체험활동에 집중시키는 것이 중요합니다.)

☐ 활동을 잘 했을 때는 칭찬하기

☐ "오늘의 활동은 어땠어?"라고 대화하며 느낀 점을 직접 듣기

⇒ "즐거웠어요"라고 짧게 대답할 때는 "뭐가 즐거웠어?"라고

추가 질문을 한다.

※ 신뢰관계를 쌓아가면서 질문의 수를 늘려 갑시다.

☐ 느낀 점이나 배운 점을 일기장에 적고, 지속적으로 기록하도록 한다.

▌학습면의 지원

☐ 최소한의 읽기·쓰기·계산하는 학습 능력이 필요하다는 사실을 전한다.

☐ 단기적이고 구체적인 목표를 세워 공부에 집중할 수 있는 환경을 만든다.

☐ 공부를 잘 가르쳐주는 친구의 옆이나, 함께 공부할 수 있는

비슷한 실력의 친구 옆으로 자리를 배치한다.

집에선 빈둥대기만 하는 아이

유라의 사례

유라는 집에 있을 때 소파 위에서 움직이질 않습니다. TV를 보고 있거나 자고 있습니다. 엄마가 "숙제 다 했어?", "과제는 끝냈니?" 라고 말을 걸면 "나중에 할거야…"라며 소파에 드러누운 채 대답합니다.

재촉하듯이 자꾸 말을 걸면 "나중에 한다고 말했잖아!"라고 짜증을 내고서는 자신의 방에 틀어박혀 버립니다.

그 외에 이런 일은 없나요...?

〈 생활상의 모습 〉

☐ 집에서는 휴대폰을 계속 만지작거리거나, 쇼파에 드러누워
TV를 보는 등 빈둥빈둥한 모습만 보인다.

☐ 가정에서 숙제 좀 하라고 하거나 일 좀 도와달라고 재촉해도
움직이려 하지 않는다.

☐ 몇 번이고 똑같은 말을 하게 만들면서 되려 짜증을 낸다.

☐ 짜증이 나면 자기 방에 틀어박혀 버린다.

☐ 숙제하는 모습을 본 적은 없지만, 알고보면 다 해놓은 때가 많아서
숙제 문제로 학교에서 연락오는 일은 없다.

☐ 친구들 이야기를 집에서는 하지 않아 알 수 없지만,
선생님에게 들어보면 친구는 많은 것 같다.

〈 학습상의 모습 〉

☐ 학교에서는 솔직하게 "네"라고 대답하고 무엇이든지 성실하게
대처하는 아이로, 성적에 관해서도 특별한 문제가 없다.

☐ 학습활동에도 적극적으로 임하는 모습이 보인다.

IN-Child Record

| 신체 상태 | / 50 |
| 자세·운동·동작 | / 50 |

신체면

주의력 결핍	/ 35
과잉행동·충동성	/ 30
집착·고집	/ 30
자아존중감	/ 25

정서면

| 사회생활기능 | / 25 |
| 커뮤니케이션 | / 25 |

생활면

듣기	/ 25
말하기	/ 25
읽기	/ 25
쓰기	/ 25
계산하기	/ 25
추론하기	/ 15

학습면

신체 상태와 자세·운동·동작의 낮은 점수가 사회생활기능에 영향을 주는 패턴입니다.
IN–Child Record의 기록 및 분석 방법, 문항 세부내용 등은 220페이지에서 확인하실 수 있습니다.

지원 방향

집에서는 빈둥대는 모습만 보여 걱정이되는 아이들도 밖
에서는 정신을 바짝 차리고 있습니다. 집에서는 푹 쉬며
에너지를 충전하는 것입니다.
이 IN-Child의 학교생활을 보호자가 파악하고 공감해주
는 것이 중요합니다.

- 교실 환경정비
- 「듣기」나 「말하기」에 관한 학습면의 지원

가정과의 연계·생활면의 지원

- ☐ "○○해야 한다.", "○○해라.", "○○하는 편이 좋다."

  라는 말을 사용하지 않는다.
- ☐ "피곤해"라고 말할 때는 "그렇구나, 학교도 많이 힘들지?"라고 공감해준다.
- ☐ 집에서 쉬고 있을 때는 무리하게 다른 활동을 권하지 않는다.
- ☐ 도저히 방을 정리하지 않아 어쩔 수 없이 말을 꺼내야 할 때는

  아래의 예를 참고한다.

  ❯❯ 구체적인 예

  - (초등학생의 경우) 같은 공간에서 역할을 정해 함께 치운다.
  ⇒ "옷 정리는 엄마가 할 테니까, 책이랑 교과서 정리는 유라가 하렴."
  - (중학생의 경우) 보호자는 물건의 원위치만 정해주고 실제로 정리하진 않는다.

    정리하지 않아 생기는 불편함을 스스로 느끼게 한다.
  ⇒ 옷장과 책장을 세세히 분류한다.
  ⇒ 정리하지 않아 물건을 찾을 수 없는 상황이라도 돕지 않는다.

- ☐ 시간이 걸리더라도 맡겨진 일을 했다면 바로 칭찬한다.
- ☐ 학교에서 잘 하고 있는 것을 가정에서도 공유받아 칭찬할 기회를 만든다.

학습면의 지원

- ☐ 숙제는 담임선생님으로부터의 연락이 없는 한

  성실하게 제출하고 있다고 믿으며 지켜만 본다.

몸과 마음에 상처를 받고 있는 아이

동현의 사례

동현이는 가끔 "학교에 가기 싫다"라고 엄마한테 이야기 합니다. 이유를 물으면 말을 안하지만, 간혹 울어서 눈이 빨갛게 통통 부은 채로 학교에서 돌아와 방에 틀어 박혀 버립니다.

또한, 몇 개월 전에 새로 사 준 실내화와 체육복, 핸드폰을 잃어버리거나 망가져 있습니다. 이것에 관해서도 이유를 물으면 입을 다물어 버립니다.

그 외에 이런 일은 없나요…?

< 생활상의 모습 >

- ☐ 지각 · 결석 · 조퇴가 늘어난다.
- ☐ 보건실에 자주 가거나 또는 "보건실에 가고 싶다"라고 자주 호소한다.
- ☐ 얼굴색이 나쁘고, 학습활동에 집중하지 않는다.
- ☐ 학교 친구나 선배 등 주위 사람의 눈치를 살피며 행동한다.
- ☐ 셔츠나 바지가 더럽거나 찢어져 있다.
- ☐ 교사와의 대화를 피하려고 한다.
- ☐ 쉬는 시간이나 급식 시간에 혼자 지내는 일이 많다.
- ☐ 다른 아이의 짐을 대신 들어주거나 심부름을 하기도 한다.

< 학습상의 모습 >

- ☐ 교과서나 체육복, 준비물을 잘 잊어버리거나 또는 잃어버린다.
- ☐ 소지품에 낙서 자국 같은 더러운 것들이 눈에 띈다.
- ☐ 조별활동을 할 때 구성원이 되기 어렵다.
- ☐ 누구나 싫어하는 일을 혼자 맡을 때가 있다.

1. 몸이 너무 아프다는 아동

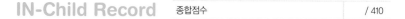

IN-Child Record 종합점수 / 410

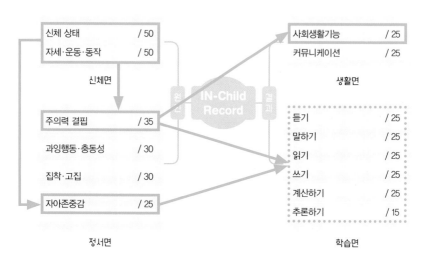

신체 상태 / 50
자세·운동·동작 / 50

신체면

주의력 결핍 / 35
과잉행동·충동성 / 30
집착·고집 / 30
자아존중감 / 25

정서면

사회생활기능 / 25
커뮤니케이션 / 25

생활면

듣기 / 25
말하기 / 25
읽기 / 25
쓰기 / 25
계산하기 / 25
추론하기 / 15

학습면

몸이 너무 아프다고 하는 아이는 IN–Child Record 중 특히 아래의 문항에 체크될 가능성이 있습니다.

Q 01. 더럽고 냄새나거나 찢어진 비위생적 상태의 옷을 입고 있다.

Q 02. 골절 · 멍 · 화상 등 부자연스러운 상처가 자주 보인다.

Q 06. 긴장하면 신체가 위축된다.

Q 07. 무표정 혹은 멍하니 있는 모습이 관찰된다.

Q 12. 일상생활 중 균형을 잘 잡지 못한다.

Q 21. 쉽게 산만해진다.

Q 22. 분실물이 많거나 일상적인 활동을 잘 잊어버린다.

Q 41. 주변 어른들에게 먼저 말을 건네지 않는다.

Q 45. 학교를 지각하고 조퇴하는 일이 잦다.

그 외에 이런 일은 없나요...?

☐ 학교에서 사용하는 물건이나 소지품을 잘 잃어버리거나 낙서되어 있다.

☐ 친구들과 노는 것 같지만 얻어맞거나 차이기도 한다.

☐ 옷의 더러움이나 신체의 상처 등에 대해서 물어도
　 아무것도 대답하려하지 않는다.

☐ 모두가 싫어하거나 위험한 일을 억지로 한다.

☐ 집에서 돈이나 고가의 물건을 가져 오기도 한다.

2. 마음이 너무 아프다는 아동

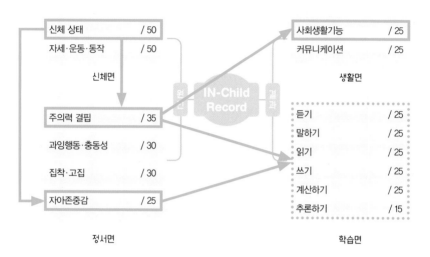

IN-Child Record 　　종합점수 　　　　　　　　　　　／ 410

신체 상태	/ 50
자세·운동·동작	/ 50

신체면

주의력 결핍	/ 35
과잉행동·충동성	/ 30
집착·고집	/ 30
자아존중감	/ 25

정서면

사회생활기능	/ 25
커뮤니케이션	/ 25

생활면

듣기	/ 25
말하기	/ 25
읽기	/ 25
쓰기	/ 25
계산하기	/ 25
추론하기	/ 15

학습면

마음이 너무 아프다고 하는 아이는 IN–Child Record 중 특히 아래의 문항에 체크될 가능성이 있습니다.

Q05. 지속된 피로감과 활동성 저하가 보인다.

Q06. 긴장하면 신체가 위축된다.

Q08. 몸이 안 좋다고 호소하나 증상이 쉽게 변한다.

Q41. 주변 어른들에게 먼저 말을 건네지 않는다.

Q45. 학교를 지각하고 조퇴하는 일이 잦다.

Q53. 함축성 있는 말이나 싫은 소리를 들을 때 단어대로만 이해하고 받아들인다.

Q54. 적절한 커뮤니케이션 방법으로 표현하기 어렵다.

그 외에 이런 일은 없나요...?

☐ 학교가기를 싫어하고, 아침식사도 하지 않는다.

☐ 놀림과 조롱, 욕설과 협박 등의 말을 듣고 있다.

☐ 또래들의 따돌림, 집단적인 무시를 받고 있다.

☐ SNS에 괴롭히는 댓글이 달려 있다.

☐ 모두가 싫어하거나 위험한 일을 억지로 한다.

지원 방향

집단 따돌림은 중대한 인권침해입니다. 그렇기 때문에 미숙한 아이들끼리의 대화만으로 해결을 구할 것이 아니라 어른들이 의연하게 대응해야 합니다.

● 집단 따돌림을 당한 아동, 집단 따돌림을
  알려준 아동을 철저히 보호
● 사실 확인과 정보 공유
● 아이에 대한 교사, 학부모의 일관된 대응

조직적인 집단 따돌림 대응 방안

① 집단 따돌림의 정보를 얻다

- 집단 따돌림을 당한 아동과 정보를 제공해 준 아동을 철저히 보호한다.
- ⇒ 경우에 따라서는 일시적으로 보건실로 등교시켜,
  집단 따돌림 시킨 아동과 접촉하지 않도록 한다.
- 경우에 따라서는 학급 전체에 집단 따돌림에 관한
  앙케이트 조사를 실시한다.
- 집단 따돌림 대응팀을 모집한다.
- ⇒ 등하교, 쉬는 시간, 청소 시간, 방과 후 시간도 포함해서
  학교 전체가 대응하는 체제를 갖춘다.

② 정확한 실태를 파악한다

- 학급 단위, 동아리활동 단위로 개별적으로 듣고 조사하여 기록한다.
- ⇒ 개별 듣기조사를 실시할 때는 「시간」이나 「장소」를 고려해,
  다른 학생들이 눈치채지 못하게 한다.
- ⇒ 듣기조사는 한 아동당 2명 이상의 교사가 실시한다.
  (보건실이나 상담 선생님도 포함된다.)
- 관계교사와 정보를 공유하여 정확하게 파악한다.
- 단편적인 현상뿐만 아니라 집단 따돌림의 전체상을 파악한다.
  - ❯❯ 구체적인 예
  - 1번 맞았었다
- ⇒ 상습적인지 확인한다.

③ 지도 체제·방침 결정

- 지도목표를 명확히하여 모든 교직원의 공통이해를 도모한다.
- 교육위원회, 관계기관과의 연계를 도모한다.

④ 아동에 대한 지도와 지원

- 집단 따돌림 당한 아동과 정보 제공을 해 준 아동을 보호하여 걱정이나 불안을 없앤다.
- 집단 따돌림 시킨 아동에게서 그 원인을 조사하고 철저하게 '집단 따돌림은 용납될 수 없는 행위'라는 인권 의식을 갖게 한다.
- 상담을 포함한 심리치료를 받는다.

⑤ 보호자와의 연계

- 발견한 당일 내로 사실관계를 전한다.
- 학교의 지도방침을 전하고, 향후의 대응에 대해 협의한다.
- 가정에서 아동의 변화를 관찰하고, 사소한 일이라도 상담할 수 있도록 한다.

왜 또래끼리 집단 따돌림이 생기는 것일까?

① 사춘기 또래압박(peer pressure)

사춘기 때는 또래들과 같다는 것에 안도감을 느낍니다. 반대로 나만 또래와 다르면 따돌림을 당할지도 모른다는 불안감이 나타나는데 이것을 또래압박이라고 합니다.

또래압박은 사춘기 학생들이 경제적으로도 사회적으로도 자립이 어려운 상황에서 부모 및 교사에게 반항하려는 심리에서 발생합니다. 그러한 학생들이 모여 집단을 형성하면서 또래압박이 시작된 것이라 볼 수 있습니다. (Ogi, 2013).

본래 인간은 생존전략으로 집단을 형성하기를 선택한 동물입니다. 원시시대를 거슬러 올라가 보면 인간의 수명은 지금보다 훨씬 짧았습니다. 그렇기 때문에 인간은 더더욱 동년배와의 연결고리를 중요시하는 것 아닐까요?

② 공장형 교육과 또래압박(peer pressure)

또래압박 자체는 나쁜 게 아닙니다. 되려 인간의 특징 중 하나라고 말할 수 있습니다. 단지, 또래압박이 현대사회의 의무 교육제도와 어우러져 집단 따돌림이 생긴 것은 아닐까하는 생각을 합니다.

의무 교육제도는 「공장형 교육(Factory Model Education)」 방식으로부터 파생됐습니다. 공장형 교육은 18세기 후반에 유럽과 북미에서 확산하기 시작하여 이후 한국과 일본에 도입됐습니다. 이 교육의 특징은 탑-다운(top-down) 관리, 학교 관리의 중점화, 계획의 일원화, 사회적 니즈 충족에 필요한 표준화, 시험에 의한 교육 평가 등이 있습니다. 이러한 특징으로 국가는 문맹자를 줄이고 일정 수준 이상의 능력있는 국민을 양성하여 국력을 향상할 수 있었습니다.

그러나, 사춘기 아이들에게 공장형 교육의 일원화된 목표는 '누구나 일정 수준의 능력은 갖추어야 한다.'라는 강제력으로 작용하고 있을 가능성이 있습니다. 동일한 능력과 문화를 강요받는 분위기 속에서 학생들이 강한 스트레스를 받고 있지는 않을까요?

이런 상황에 처한 학생들이 자신의 집단에 속하지 않는 학생을 배제하는 방법으로 '집단 따돌림'이 발생했을 가능성이 있습니다.

선생님을 위한 1교시 : IN-Child와 학급경영

1. 학급경영이란?

평소 아무렇지 않게 교육현장에서 사용하고 있는 「학급경영」이라는 말이 도대체 무슨 의미일까요? 학급경영은 「학급」과 「경영」으로 나눌 수 있으며 교육적 관점과 경영학적 수법을 활용한다는 의미입니다.

2. 학급경영의 세 가지 관점

학급경영에는 일반적으로 세 가지의 관점이 있습니다.

① 조건정비 → 수업환경을 정비하기 위한 활동

(게시물 및 자리의 배치 등 교실 환경정비)

② 교육경영 → 아이들 저마다의 개별활동을 통합하여 부가가치를

추구하는 활동

(수업 내 학습 및 학급행사 등의 활동 전반)

③ 질서유지 → 학생 지도 등

그러나 경영학적으로 보면 학급경영의 가장 중요한 활동은 「교육경영」입니다. 선생님은 매일매일의 지도로 아이들의 활동을 통합하고 부가가치를 창출해야만 합니다. 그러기 위해서는 선생님이 학급의 리더로서 아동들을 지도하는 리더십을 발휘할 필요가 있습니다.

3. 1학기 학급경영이 1년을 좌우한다!

신학기 개학. 학급에서는 새로운 환경 속에서 아이들이 서로의 다름을 탐색합니다. 집단 속에서 좋은 평가를 얻기 위해 열심히 노력하며 자신의 입지를 찾는 것입니다.

그로부터 1달 후. 아이들은 입지를 찾는 데 지쳐 각자의 본심을 비춥니다. 그렇게 비슷한 아이끼리 자신들의 집단을 만들어갑니다. 이러한 상황이 지속되면 집단의 고유성을 유지하기 위해서 집단에 속하지 않은 아이를 괴롭힐 수 있습니다.

선생님은 신학기 개학 당월의 아이들이 「잘 보이려고 하는 모습」을 잘 포착해야 합니다. 저마다의 특색을 살린 역할과 지위를 아이들에게 부여하는 것은 학급 형성에 가장 중요한 일입니다. 익월까지는 아이들에게 역할과 지위를 부여해야 합니다.

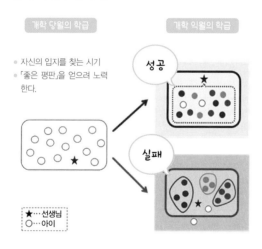

선생님이 학급의 리더가 된다

- 아동이 역할과 지위를 갖도록 유도한다. (부여한다)
  ① 아동들의 실태파악
  ⋯→ 가벼운 말 한마디로 역할과 지위를 인식시키기
  "○○이는 ○○을 잘 하네!"
  ② 학급 전체가 인식 및 공유

「정글화」한다

- 아동들이 자신의 입지를 찾는 것에 지친다.
- 집단의 형성
  ⋯→ 비슷한 아이끼리 집단 형성
- 집단의 고유성 유지
  ⋯→ 집단 밖의 사람(선생님을 포함)을 따돌리려 한다.

4. '교육적 니즈가 큰 IN-Child」는 어떻게 파악할까?

교육적 니즈가 큰 IN-Child는 어떻게 파악하면 좋을까요? 다양한 교육적 니즈는 리스크가 큰 것으로 받아들여지는 경우가 많아, 학급에서는 청소 당번이나 급식 당번 등 당번제의 역할을 고정시키거나 계속 같은 자리에 앉게 하여 아이들의 일종의 행사인 자리바꾸기에 참가하지 못하기도 합니다. 이런 경우로 주위 아이들과의 관계가 제한될 수 있습니다.

5. 리스크의 본래 의미

리스크의 어원은 라틴어의 'risicare(용기를 가지고 시도하다)'입니다. 경영학적 관점에서 리스크란 조직의 수익이나 손실에 영향을 주는 변동성이라고도 말할 수 있습니다.

즉, 리스크는 플러스(정의 리스크) 혹은 마이너스(부의 리스크)의 가능성을 가지고 있습니다. 그 리스크가 플러스로 작용할 수 있도록 매니지먼트 하는 것이 학급경영에 있어서 무엇보다 중요합니다.

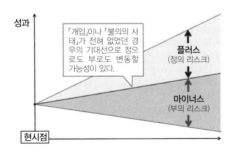

6. 교육에 있어서의 투자

『현자의 서(賢者の書)』(Kitagawa, 2005)라는 책에서 현자는 소년에게 "투자란 자신이 가진 재산을 지금은 사용할 수 없는 것으로 바꾸어 장래에 크게 가치가 오르기를 기다리는 것"이라고 설명합니다. 선생님이 가진 재산이란 시간인데, 그것은 단지 시간을 들이면 되는 것이 아니라 아동의 교육적 니즈에 적절하게 대응하는 시간(투자)을 의미합니다.

경영학적으로 보면 현시점에서 교육적 니즈가 큰 IN-Child에게 투자하는 것은 교육적인 성과를 올리는 가장 효율적인 투자라고 할 수 있습니다.

또한, 리더인 선생님이 이러한 모습을 보여줌으로써 교실의 모든 아이들도 다양성에 대한 이해가 깊어집니다. 교육적 니즈가 큰 IN-Child에 대한 투자는 주위 아이들에게도 커뮤니케이션 능력의 향상이라는 큰 교육적 효과(부가가치)를 창출하는 것입니다.

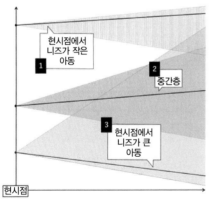

… **1** 다른 개입이 없어도 스스로 성과를 낼 수 있다. 그러나 감춰진 니즈는 누구도(본인포함) 알아채지 못하는 경우가 있다.

… **2** 꾸중 듣는 일도 적지만, 칭찬 받은 경험도 많지 않다. 좋은 것도 나쁜 것도 눈에 띄지 않지만, 실태파악에 실패하면 마이너스로 변동할 가능성이 크다.

… **3** 니즈가 크지만 적절한 지원이 없으면 스스로 성과를 내기는 어렵다. 확실히 니즈에 대처하여 지원하면 기대 이상의 성과를 낼 가능성이 있다.

선생님을 위한 2교시 : IN-Child와 학습 이야기

1. '이해」의 프로세스와 정의

우리는 새로운 정보를 얻었을 때 "그렇구나!"라고 말하면서, 이해했다고 말합니다. 혹시 그 이해의 프로세스를 생각해 본 적이 있나요? 이해의 프로세스는 아래와 같이 정의할 수 있습니다. (Han, 2017).

「이해란 새로운 정보가 그 사람 안에 축적되어 있는 정보(지식과 경험)와 연결됨으로써 발생하는 인간의 의식 활동이다. 또한 이해의 정도는 축적된 정보(지식과 경험)의 질과 양에 의해 결정되며 납득을 통해 행동의 변용으로 나타난다.」

이를 근거로 생각해 보면 깊은 이해는 정보의 높은 질이 관여한다는 것을 알 수 있습니다.

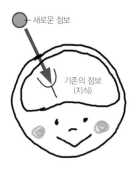

새로운 정보

기존의 정보
(지식)

1 기존의 정보(지식)와 연결한다.

2 지식으로서 정착한다.
- 정보의 질이 지식의 질을 결정한다.

3 이해로 연결된다.
- 지식의 질이 이해의 정도를 결정한다.
- 이해의 정도는 행동의 변용으로 알 수 있다.

① 새로운 정보의 질이 높을수록 정착하는 지식의 질도 높아진다.

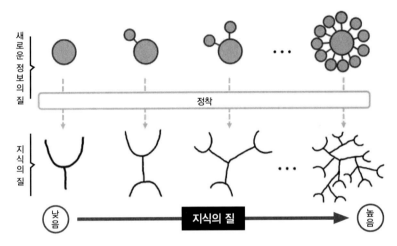

② 기존의 정보(지식)의 질이 높을수록 깊은 이해로 연결된다.

   ⇒ 생각하는 힘과 응용력의 높이

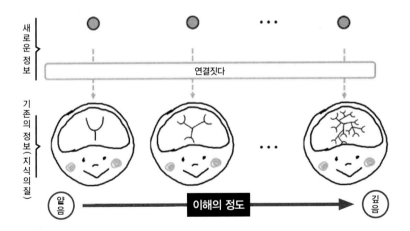

2. 이해의 정도를 행동의 변화로 알 수 있을까요?

이해의 정도는 그 아동의 행동의 변화로 알 수가 있습니다. 예를 들면, 당신이 하얀마음백구 이야기를 처음 들어봤다면 어떤 형태로 표출할까요?

- 백구 같은 개를 기를까요?
- 백구의 훌륭함을 사람들에게 전할까요?
- 개를 보호하기 위한 활동에 참여할까요?
- 개에 대한 공부를 시작할까요?
- 감동한 마음을 그림이나 음악으로 표현할까요 ?

당신이 하얀마음백구의 이야기를 이해하면 할수록(이해의 정도가 깊어질수록), 여러 가지 형태로 표출되는 것입니다.

3. 이해의 정도를 깊게 하는 방법

그렇다면, 이해의 정도를 깊게 하기 위해서 어떻게 하면 좋을까요?

① 질에 관계없이 방대한 양의 지식을 축적한다.

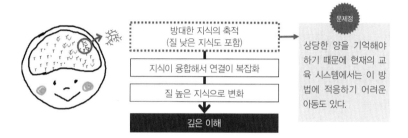

② 처음부터 질 높은 지식을 축적한다.

4. 2교시 학습 이야기 요약

현대사회는 언제 어디서나 인터넷에 접속하여 정보를 쉽게 얻을 수 있는 유비쿼터스 사회입니다. 최근에는 인공지능(Artificial Intelligence: AI)이 발달하여 지식의 양만으로는 인간이 도저히 대적할 수 없습니다. 그러나 아직까지도 교육 시스템은 예전과 변함없이 지식의 양을 늘리는 게 중심입니다.

이런 환경에서, 인간에게 필요한 능력은 무엇일까요? 또 그 능력을 학습하는 방법은 어떤 걸까요? 현재의 학습법은 가능한 정보를 많이 습득하는 것에 초점을 두고 있는데, 심지어 이런 학습법에 적응하기 어려운 아동도 있습니다.

누구나 교육을 받을 권리가 있습니다. 누구라도 학습할 수 있도록 질 높은 지식을 얻을 수 있는 시스템을 정착시켜 사고력과 응용력(정보를 종합적으로 처리할 수 있는 힘)을 기를 수 있어야 한다고 생각합니다.

새로운 정보

질 높은 지식으로서
정착

높음

스스로 생각하게 한다
「이것의 의미는?」
「왜?」

예: 액티브 러닝 등

깊은 이해

"사고력"
"응용력"

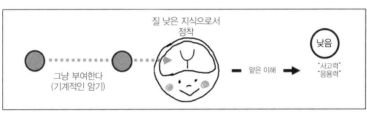

질 낮은 지식으로서
정착

낮음

그냥 부여한다
(기계적인 암기)

얕은 이해

"사고력"
"응용력"

선생님을 위한 3교시 : IN-Child를 위한 환경정비

1. 교실환경의 구조화

　교실 안을 전체학습의 장과 개별학습의 장으로 나누면, 아이들이 '어디서', '무엇을' 해야 하는지 알기 쉬워집니다.

　일반 학급에서는 쉴 수 있는 공간을 준비하여 안절부절할 때나 흥분했을 때 이용할 수 있게 합니다. 교실 밖에 공간을 설치할 경우에는 책상을 복도로 옮겨 주위를 커튼으로 막는 것만으로도 효과가 있습니다. 이런 공간을 이용할 때는 미리 선생님에게 말하고, 안정이 되면 교실로 돌아오기 등의 규칙을 정합니다.

2. 스케줄의 구조화

일일 활동카드를 칠판 가장자리에 붙여 놓고, '지금은 무엇을 하면 되는지', '다음 시간에는 무엇을 하는지'를 알기 쉽게 합니다.

그렇게 함으로써 "선생님, 다음 시간엔 무엇을 하면 되나요?"라는 질문에 "칠판을 확인하렴."이라고 대답해 주면, 스스로 확인하고 실천하는 힘을 기를 수 있습니다.

스케줄 옆에 실물 사진을 붙이거나 심볼을 표기해 문자 정보만으로는 이해하기 어려운 아이도 알기 쉽게 하면 좋습니다. 고학년이라면 칠판에 일과를 기록하는 담당을 맡겨, 스케줄을 아이들이 관리하도록 합니다. 어느 정도 책임을 부담하는 일은 아이들의 성장과도 연결됩니다.

3. 정리정돈의 구조화

책상 서랍, 사물함, 청소도구함을 잘 정리할 수 있도록 정리가 잘 된 청사진을 보여줍니다.

금요일 하교 전, 학급 전체가 책상 서랍의 물건들을 책상 위로 꺼내어 정리한 뒤 하교하는 습관을 기르면 좋습니다.

선생님을 위한 4교시 : IN-Child에게 건네는 비밀 쪽지

IN-Child에게 건네는 쪽지에도 포인트가 있습니다!

1. 한 장의 쪽지에는 한 개의 지시

☐ 쪽지에 다양한 색이 있어도 신경쓰지 않는 아동

☐ 주의력 결핍인 아동

☐ 동시에 여러 지시를 이해하기 힘든 아동

포인트 ① 지시의 중요한 부분은 큰 글씨와 색연필로!

포인트 ② 한 장의 쪽지에는 한 개의 지시!

포인트 ③ 수행 완료한 쪽지를 버릴 쓰레기통을 준비

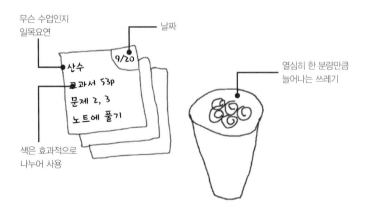

2. 체크 리스트 방식의 지시

「성취감은 조금 뒤로, 기다려주기 형」

□ 쪽지의 다양한 색이 자꾸만 신경쓰이는 아동

□ 동시에 여러 지시를 이해할 수 있는 아동

□ 조금 특별한 걸 원하는 아동

포인트 ① 지시의 중요한 부분은 큰 글씨로!

포인트 ② 한 장의 종이에 여러 개의 지시!

포인트 ③ 수행을 완료하면 체크 표시를 해서 종례 때 제출

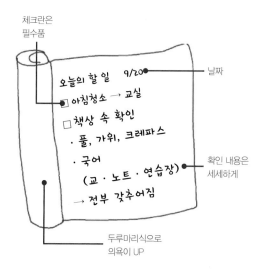

체크란은
필수품

오늘의 할 일   9/20 ● ── 날짜

■ 아침청소 → 교실

□ 책상 속 확인
· 풀, 가위, 크레파스
· 국어
(교·노트·연습장) ── 확인 내용은
세세하게
→ 전부 갖추어짐

두루마리식으로
의욕이 UP

충동성의 긍정적인 면과 부정적인 면
『Dickman Impulsivity Inventory(1990)』

	긍정적인 면	부정적인 면
명칭	기능적 충동성	비기능적 충동성
관찰 시기	즉각적인 행동으로 최적의 결과를 얻을 수 있는 상황에서 나타난다.	즉각적인 행동이 불리한 결과가 되는 상황에서 나타난다.
Dickman Impulsivity Inventory 문항의 예	• 재빠르게 판단하고 선택해야 하는 스포츠나 게임을 좋아한다. • 자칫하면 기회를 놓칠 상황에서도 영리하게 대처하는 것이 특기이다.	• 금전적인 여유나 필요성을 생각하지 않고, 물건을 구매하는 일이 종종 있다. • 사전 준비가 부족하여, 계획이 잘 되지 않는다.
충동성과 환경의 관계	⇒ 변화가 심한 환경에 재빠르게 적응하기 위해서는 앞뒤 생각하지 않고 행동하는 충동성이 필요하다.	⇒ 안정된 환경에서는 앞뒤 생각하지 않고 행동하는 충동성은 부적응으로 평가된다. ⇒ 눈앞의 만족을 억제하고 장기적인 계획을 세우는 것이 필요하다.

Tanno(2017)작성 표를 일부 개편

남학생의 충동성에 대해서

근대사회에 '한 명의 선생님 대 다수의 학생' 및 '학력시험에 의한 교육성과'가 중심인 교육형태가 도입되고부터는 학생 전원이 모두 획일적인 학습을 받도록 요구되었으며, 이로 인해 충동성의 부정적인 측면만이 주목받게 되었습니다. 그러나 인류는 충동성이 필요한 환경에서 진화해왔습니다. 수렵 시대의 사냥이나 자원획득 경쟁을 위한 전쟁 상황에서 특히나 남성의 충동성은 살아남기 위해선 필요불가결한 수단이었습니다. (Buss, 2009).

진화론적인 관점에서 보면, 급격한 환경의 변화에서 남성의 충동적인 측면은 인류의 생존과 발전의 기회를 가져왔습니다. 그러나 현대사회의 안정된 환경에서는 눈앞의 만족보다는 장기적인 계획성이 요구되면서 남성의 무턱대고 성급하게 행동하는 충동성은 더욱 두드러지고 부정적인 결과만을 초래하게 되었습니다.

그러나 현대사회의 안정된 환경에서는 눈앞의 만족보다는 장기적인 계획성이 요구됩니다. 따라서 남성의 무턱대고 성급하게 행동하는 모습이 충동성의 부정적인 측면으로 더욱 두드러지게 되면서 긍정적인 측면은 가려져 왔습니다.

Dickman(1990)은 충동성을 기능적 측면(Functional Impulsivity)과 비기능적 측면(Dysfunctional Impulsivity)으로 나누어 생각하고, 충동성에는 긍정적인 면과 부정적인 면이 있다는 것을 언급했습니다. 그 특징을 파악하기 위해서 작성한 척도가 『Dickman Impulsivity Inventory』입니다.

도움말

1960년
3종의 신기
TV
냉장고
세탁기

유행어/IT혁명
1953년
NHK TV
방송개시

iPhone 출시
1964년
동경올림픽TV
세대보급율
최상의 계약

TV도 없던 시대

- 부모나 교사, 이웃들
- 학교나 이웃의 친구들
- 자연
- 책

TV의 보급
(1950년대~)

- 부모나 교사,
  이웃들
- 학교나 이웃의 친구들
- 자연
- 책이나 잡지
- TV의 정보

2005년
Youtube
출시

2000년
Google(일본) 출시
IT 기본법성립

2008년
Facebook 출시
Twitter 출시

인터넷과 스마트폰의 보급
(2000년대~)

- 부모나 교사
- 친구
- 자연
- 책이나 잡지
- TV의 정보
- SNS에서의 인간관계
- 동영상 사이트
- VR이나 AR 등의 신감각 게임

※ 일반 사단 법인 가전 문화회(2006)
  디지털 아트 주식회사(2015)

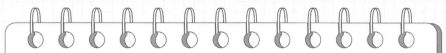

현재와 과거, 아동의 개념형성 방식이 다르다…!?

　개념형성은 「외부로부터의 감각 자극 경험을 통해 현상의 공통성을 파악하는 것」이라고 할 수 있습니다. 그렇다면, 어린 시절 접했던 외부로부터의 감각(=정보)은 시대에 따라서 어떻게 변하고 있을까요?

　TV가 없었던 시대에는 직접 보고 들은 정보가 대부분일 테니, 지금 시대와는 달리 얻을 수 있는 정보의 양이 적어서 정보의 공통성을 파악하기 쉬웠을지도 모릅니다. 그러나 근대화가 진행되면서 TV를 비롯하여 인터넷과 스마트폰이 보급되었고, 이로써 원하든 원하지 않든 항상 많은 정보를 외부로부터 얻을 수 있게 되었습니다. 그 뿐만 아니라 VR 등의 기술로 가상현실을 통해 생생한 감각자극도 경험할 수 있게 되었습니다.

　이렇게 다양하고도 많아진 정보로 인해 공통성을 파악하는 방식에 변화가 생기면서 어른과 아이 사이의 개념형성 방식에 차이가 발생하게 되었습니다. 이런 이유로 어른들은 '나 어렸을 때는 안 그랬어!'라며 요즘 아이들은 변했다고 느끼는 거 같습니다.

사례 1

사람들 앞에서도
말할 수 있어요!

◀초등학교 저학년·남아
(1년간 지원)

어떻게 변했을까요?

Before

- 커뮤니케이션을 잘하지 못한다.
- 무엇을 하든지 천천히~
- 자신의 의견을 정리하는 것이 어렵다.
- 읽기를 잘하지 못해서, 다 같이 읽을 때는 속도를 따라가지 못하고 뒤쳐져 버린다.

학급활동과 수업 참가의 핵심은…

IN-Child의

'장점을 활용한 지도'

▶After

- 학급 내에서 친구를 사귈 수 있게 되었다!

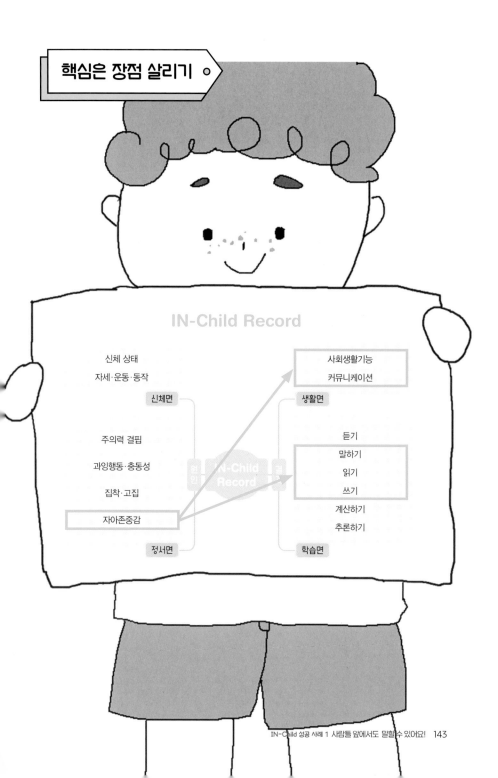

담임선생님

    A군은 무엇을 하든 행동이 느리고 멍−해 보이며 수업시간에도 친구들보다 말하기·읽기·쓰기에 시간이 걸립니다.

    쉬는 시간에는 혼자서 종이나 신문지를 접으며 노는 모습이 자주 관찰돼 커뮤니케이션 면에서도 걱정이 됩니다.

    지금은 저학년이라서 그런대로 학습내용을 따라 가고 있지만, 학년이 올라갈수록 학습지연이 나타나지는 않을까 걱정이 됩니다.

사례 회의의 모습

 이 아이에게 가장 필요한 것은 자아존중감입니다. 어쩌면 초등학교에 입학하기 전, 또래 아이들과의 상호작용 기회가 적었어서 상대적으로 말하기·읽기·쓰기가 늦는 것일 수 있습니다.

 A군이 흥미와 관심을 가진 역할을 주어서 장점을 극대화하는 게 중요합니다. 장점을 기반으로 주위 또래와 커뮤니케이션 기회를 늘려갈 수 있도록 지원합니다. 말하기·읽기·쓰기를 향상시키고 자아존중감을 높여갑시다.

접근 방법의 제안

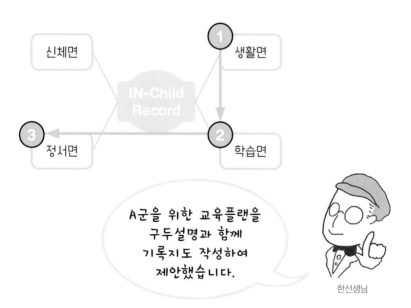

신체면

① 생활면

IN-Child Record

③ 정서면

② 학습면

A군을 위한 교육플랜을 구두설명과 함께 기록지도 작성하여 제안했습니다.

한선생님

이전의 모습	지원 후의 모습
● 쉬는 시간, 친구들은 모두 밖에서 노는데 혼자서 종이나 신문을 접으며 놀았다. ● 잡담을 잘하지 못했다.	● 종이를 접어 달라는 부탁이나 접는 방법을 물어보는 친구들과 교류가 생겨 커뮤니케이션이 늘었다.

장점을 살린 학급경영

아이의 특기인 종이접기를 선생님 책상 위에 장식해 놓은 뒤, 종이접기에 흥미를 보이는 아이에게 "A가 만든 거야", "A에게 만들어달라고 부탁해 보는 건 어때?"라며 커뮤니케이션 기회를 조성한다.

< 이런 지도도 효과가 있어요! >

☐ 자신의 의견을 조리 있게 정리할 수 있도록 요점을 스몰스텝화 한다.

☐ 발표를 할 때는 혼자가 아니라 단체로 시킨다.

사람들 앞에서도 말할 수 있어요!

자아존중감
UP

생각하는 시간 확보

친구와의 커뮤니케이션 지원

아이의 장점을 살린 역할과 지위 부여

사례 2

내 생각을 말할 수 있어요!

◀초등학교 저학년・남아
(1년간 지원)

어떻게 변했을까요?

Before

- 외부 자극에 쉽게 산만해져 활동을 끝까지 수행하지 못한다.
- 그림 그리는 것을 아주 좋아해서, 수업 중에도 그림을 그린다.
- 자신의 마음을 제대로 전하지 못해 친구와 종종 싸우곤 한다.

커뮤니케이션의 핵심은…

'생각하는 시간의 확보'

After

- "제게는 시간이 필요합니다."라고 말할 수 있게 되었다!

핵심은 생각하는 시간의 확보

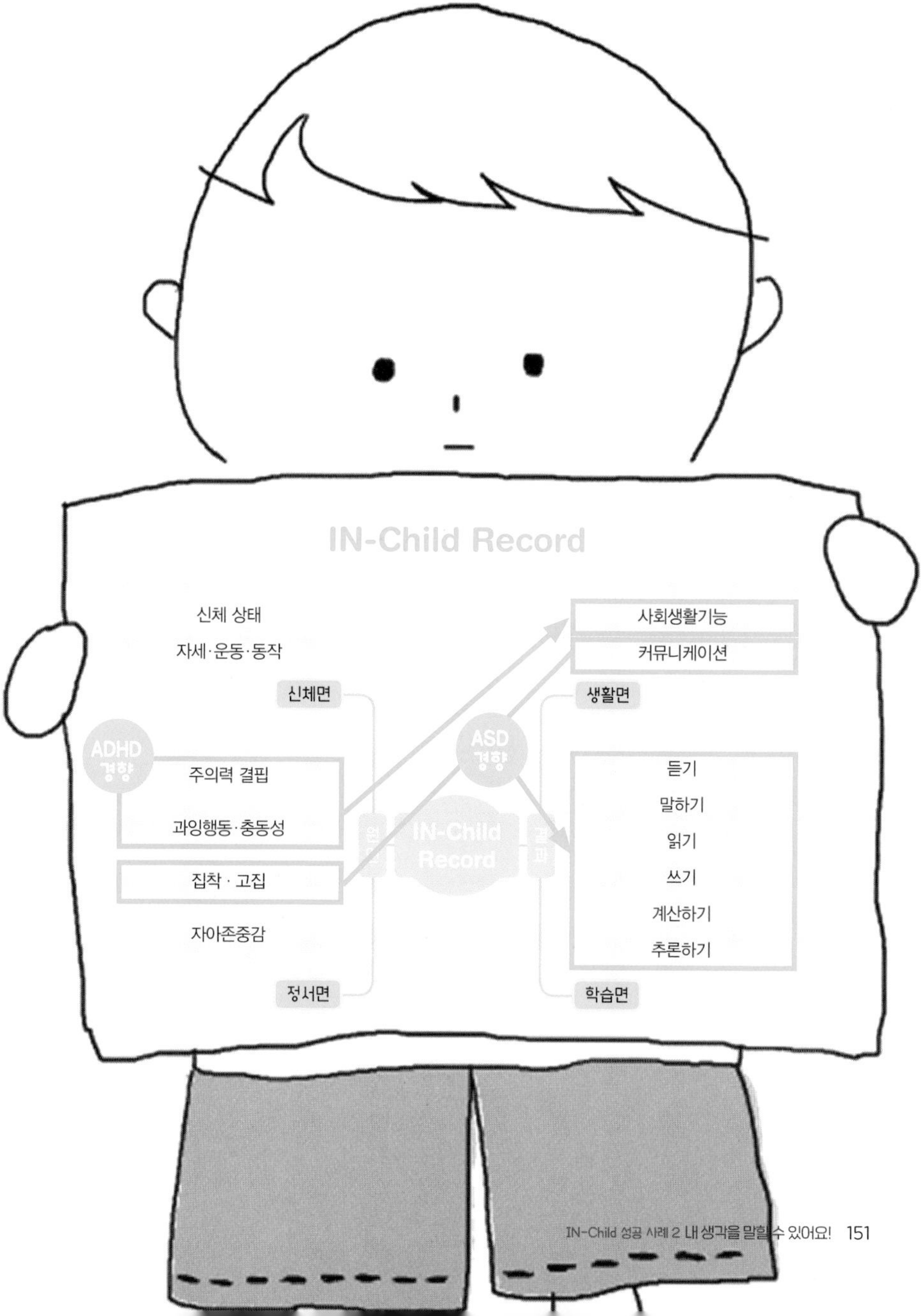
IN-Child Record
신체 상태
자세·운동·동작
신체면
ADHD 경향
주의력 결핍
과잉행동·충동성
집착 · 고집
자아존중감
정서면
원인
IN-Child Record
결과
ASD 경향
사회생활기능
커뮤니케이션
생활면
듣기
말하기
읽기
쓰기
계산하기
추론하기
학습면

담임선생님

    B군은 외부 자극에 쉽게 산만해집니다. 충동적인 행동 탓에 주의를 받을 때가 있는데, 꾸짖으면 입을 다문 채 고개를 숙이곤 합니다. 또, 자신의 마음을 언어로 표현하는 것을 어려워하여 친구들과 싸움이 발생하는 경우도 있습니다.

    B군은 그림 그리기를 너무나 좋아해서 수업 중에도 그림을 그리곤 하여 진도를 따라가지 못할 때가 있습니다. 하지만, 그림은 아주 잘 그립니다.

사례 회의의 모습

　이 아이는 또래와의 커뮤니케이션을 원하지만, ASD와 ADHD 경향 때문에 문제가 생길 때가 있습니다. 우선은 일상생활에 필요한 최소한의 커뮤니케이션 능력을 키우는 것을 목표로 합시다.

　이를 위해서는 커뮤니케이션 기회를 늘리는 것이 중요합니다. 구체적인 방법으로는 생각을 정리할 수 있는 시간을 마련해 주거나 주변 아이들과 커뮤니케이션을 할 수 있도록 기회를 만들어 주는 것입니다.

접근 방법의 제안

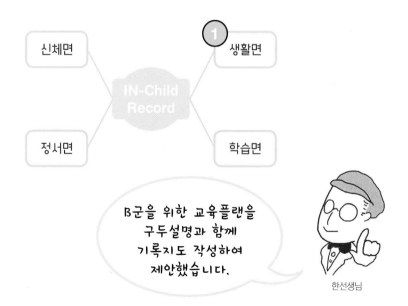

신체면

① 생활면

IN-Child Record

정서면

학습면

B군을 위한 교육플랜을 구두설명과 함께 기록지도 작성하여 제안했습니다.

한선생님

이전의 모습	지원 후의 모습
● 자신의 마음을 표현하는 것이 서툴러 친구와 싸움까지 하곤 했었다. ● 수업 중에도 그림 그리는 것 외에는 집중할 수가 없었다.	● 생각이 정리되지 않을 때는 "시간이 필요해요!", 집중을 방해하는 물건을 갖고 있을 때는 "맡아주세요!"라고 말할 수 있게 되었다.

생각을 정리할 시간을 마련해주다

● 선생님과 둘만 있는 공간에서 혼을 내며 생각을 정리할 수 있는 시간을 마련해주었다.

● 그림을 그리느라 수업에 집중하지 못하고 있을 때는 단계적으로 주의를 주었다.

① 집중에 방해되는 물건을 책상 속에 넣도록 지시한다.

② ①로도 집중할 수 없을 때는 방과 후에 되돌려 줄 것을 약속하고 맡아둔다.

< 이런 지도도 효과가 있어요! >

　☐ 독립된 교실에서 선생님과 시험을 치를 수 있도록 했다.

　☐ 주변 아이들에게 B군이 준비물을 놓고 왔을 때에는 적극적으로 빌려주도록 부탁했다.

사례 3

더는 짜증내지 않아요!

◀ 초등학교 저학년 · 남아
(1년간 지원)

어떻게 변했을까요?

Before

- 집중력이 짧아 금방 산만해져 일어나 교실을 돌아다닌다.
- 친구에게 물건을 던진다.
- 주의를 주면 짜증을 낸다.
- 어른에게 꾸중을 들으면 패닉 상태가 되며 큰 소리로 운다.
- "나 같은 건…"이라며 의기소침해한다.

자아존중감 상승의 핵심은…

**'가정과 학교의
공통된 목표 설정'**

After

- 우는 친구에게 "괜찮아, 선생님이 도와줄거야…"
  라고 위로할 수 있게 되었다.

핵심은 가정과 학교의 공통된 목표 설정

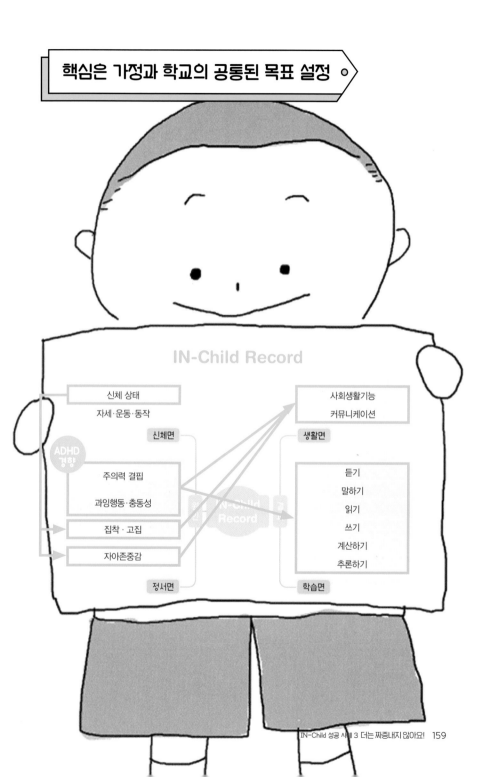

IN-Child Record

신체 상태
자세·운동·동작

ADHD
경향

신체면

주의력 결핍
과잉행동·충동성

집착 · 고집

자아존중감

정서면

사회생활기능
커뮤니케이션

생활면

듣기
말하기
읽기
쓰기
계산하기
추론하기

학습면

담임선생님

　C군은 수업 중에 일어나 돌아다니는 일이 많아서, 학급 아이들로부터
자리에 앉으라는 말을 자주 듣곤 합니다. 이럴 때면 짜증을 내며 연필이나
공책, 의자를 집어 던지거나 책상을 걷어차는 행동을 하곤 합니다.
　선생님이 "위험하잖아!"라고 꾸짖으면, 처음에는 "신경쓰지 마세요!"
라고 말하지만, 나중에는 "나 같은 건…이제 아무래도 좋아…"라며 물건을
내동댕이치며 울음을 터뜨려 버립니다. C군의 정서가 매우 걱정입니다.

사례 회의의 모습 ∘⟩

    이 아이에게는 자아존중감이 필요합니다. 특히, 가정에서 인정받고 싶은 마음이 충족되지 않아서 다른 여러 상황에 문제행동을 보이고 있습니다.

    따라서 보호자와의 긴밀한 정보 공유가 필요합니다. 학교에서는 아이와 신뢰 관계를 형성하면서 「정서의 안정」을 도모하고, 아이가 친구와 관계 맺는 방법을 배우도록 지도합시다.

접근 방법의 제안

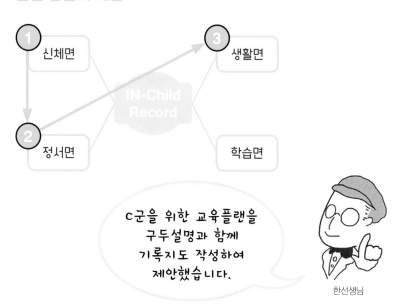

C군을 위한 교육플랜을
구두설명과 함께
기록지도 작성하여
제안했습니다.

한선생님

이전의 모습	지원 후의 모습
● 짜증이 나면 의자를 던지거나 책상을 찼다. ● 꾸짖으면, "나 같은 건…"하며 울음을 터뜨렸다.	● 교실 내에서 안정을 찾을 뿐만 아니라, 같은 이유로 우는 친구에게 "괜찮아, 내가 옆에 있어줄게."라고 위로할 수 있게 되었다.

가정과의 정보 공유와 목표의 통일

● 학교에서의 모습을 보호자에게 자세하게 전달했다.

● C군의 학교에서의 모습을 토대로, 「상냥한 면을 성장 시킨다」라는 공통의 목표를 설정했다.

● 긍정적인 변화가 관찰되면 반드시 칭찬해 주라고 매번 당부했다.

< 이런 지도도 효과가 있어요! >

☐ 또래간 커뮤니케이션 기회를 많이 가질 수 있도록 지원했다.

☐ 꾸짖을 때는 일단 아이가 안정된 뒤에 그 이유를 천천히 설명했다.

특기인 춤을 선생님에게
가르치는 중…

왼쪽부터 천천히
움직여 주세요!

수업에 집중할 수 있어요!

◀초등학교 고학년·남아
(2년간 지원)

어떻게 변했을까요?

···· Before

- 정리정돈을 어려워한다.
- 때때로 감정을 억누르지 못해 친밀한 어른(보건실 선생님이나 담임 선생님)에게도 폭언을 한다.
- 쉬는 시간에 친구들과 노는 모습은 관찰되는데, "친구가 없어요."라고 선생님에게 말한다.

수업 참가의 핵심은…

'감정의 정리'를

할 수 있는 체제 만들기!

···▶After

- 침착하게 활동에 참가할 수 있게 되었다!

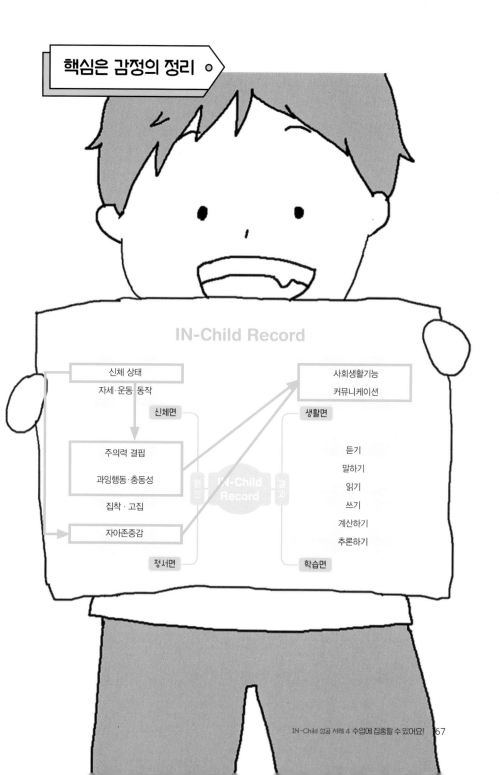

핵심은 감정의 정리

IN-Child Record

신체 상태
자세·운동 동작

신체면

주의력 결핍
과잉행동·충동성
집착 · 고집

자아존중감

정서면

IN-Child Record

원인 결과

사회생활기능
커뮤니케이션

생활면

듣기
말하기
읽기
쓰기
계산하기
추론하기

학습면

담임선생님

    D군은 평소 온순하며 싱글싱글 웃는 모습을 보이지만, 때때로 감정을 억누르지 못해 친구나 담임선생님에게 폭언을 하는 경우가 있습니다.

    또, 쉬는 시간에 혼자가 아니라 친구와 노는 모습을 볼 수 있는데도 "친구가 없다"라고 상담 중에 이야기합니다.

    아무래도 가정에 무슨 사정(가정폭력으로 이혼 재판 중인 엄마와 보호시설에서 지낸다.)이 있어 마음이 늘 불안한 것 같습니다. 학교에서 D군에게 해줄 수 있는 지원은 무엇일까요?

사례 회의의 모습

D군은 신체 상태에 문제를 안고 있을 수 있습니다. 대부분의 정서적인 문제는 올바르지 못한 신체 상태에서 비롯하며 이 문제가 원인이 되어 생활면과 학습면에 니즈가 생깁니다. 신체 상태는 가정 내 사정도 포함되므로 교사가 아이의 신체 상태에 관한 접근이 어려울 수도 있습니다. 이럴 때는 정서적 지원으로 니즈를 충족시켜주어야 합니다.

접근 방법의 제안

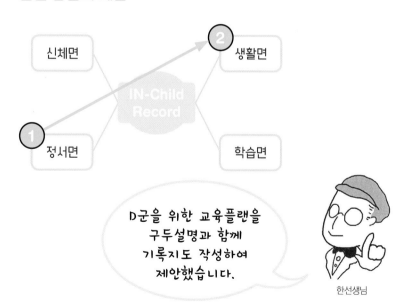

신체면

2 생활면

IN-Child Record

1 정서면

학습면

D군을 위한 교육플랜을 구두설명과 함께 기록지도 작성하여 제안했습니다.

한선생님

이전의 모습	지원 후의 모습
● 감정을 억누르지 못하고 선생님에게 폭언을 했다. ● 친구와 놀면서도 "친구가 없다." 라고 상담한다.	● 상담 선생님이나 보건실 선생님들에게 가정 내 고민을 상담하면서, 수업에 집중해서 참여할 수 있게 되었다.

감정이 폭발할 때 마음을 추스를 수 있는 장소 마련

● 감정이 가라앉지 않을 때는 "복도에서 쉬고 오세요."라고 말해주었다.

부모나 담임 이외의 어른과 신뢰관계 구축

● IN-Child Record로 상담 선생님과 연계하여 정기적으로 D군이 상담할 수 있는 기회를 만들었다.
● 선생님 및 보호자 외 어른과의 신뢰관계를 만들어, 마음이 상했을 때 상담하기 쉬운 환경을 만들었다.

< 이런 지도도 효과가 있어요! >

☐ 종례시간에 학급 전체가 책상 서랍을 정리하는 시간을 만들었다.

이제 수업에 집중할 수 있어요! ○

커뮤니케이션
UP

선생님 간의 정보 공유

마음을 추스를 수 있는 장소 확보

학급 규칙을 만들어 일상생활 지원

사례 5

논리적으로
말할 수 있어요!

◀초등학교 고학년·남아
(2년간 지원)

어떻게 변했을까요?

Before

- 생각이 떠오르는 족족 바로 말해버린다.
  ⇒ 결과적으로 학급 내에서 붕–떠버린다.
- 자신에 대한 타인의 의견을 너무 민감하게 받아들인다.

말하기 전에 시간을 주어서
'약간의 상상력'을
발휘할 수 있는 시간을
만들었다!

After

- 수업에 적극적으로 참가할 수 있게 됐다!

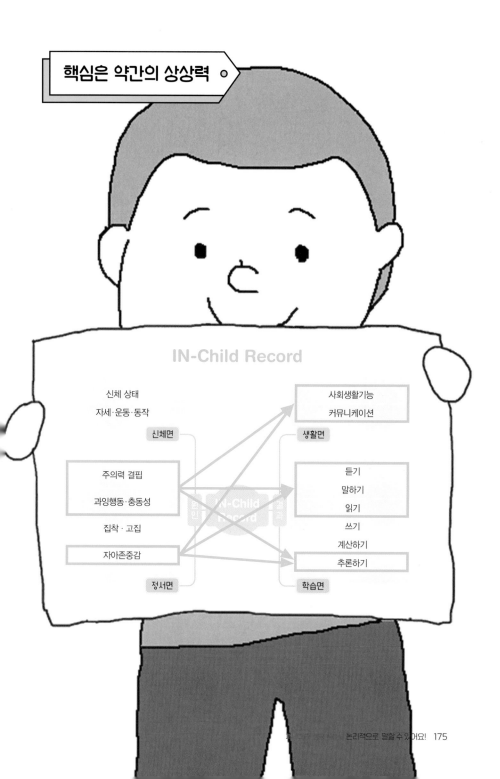

담임선생님

　E군은 유독 쓰기를 못해 노트 필기를 어려워합니다. 수업 중에는 적극적으로 발언하며 정곡을 찌르는 말도 자주 하지만, 떠오르는 생각을 거침없이 말해 친구와 다투기도 합니다.

　따로 불러서 싸움의 원인을 들어보면, 다른 아이들이 자신을 어떻게 생각하는지에 대해 민감하게 받아들이는 듯합니다. 결국에는 "아무도 내 편을 들어주지 않아."라며 울먹거립니다.

E군의 니즈는 말하기와 추론입니다. ADHD 경향으로 인해 생각한 것을 문장으로 표현하는 것이 서툽니다. 학습적인 면으로는 쓰기를 무리하게 강요하기보다는 또래학습을 통해 다양한 의견을 제시하게 하고, 함께하는 친구가 문장으로 정리하도록 지원합시다.

또한, 약간의 상상력을 발휘할 수 있는 시간을 제공하고, 학급 내의 규칙을 만들어 습관화하는 것과 선생님이 주의를 줄 때는 화내지 않고 논리적으로 설명하는 것이 중요합니다.

접근 방법의 제안

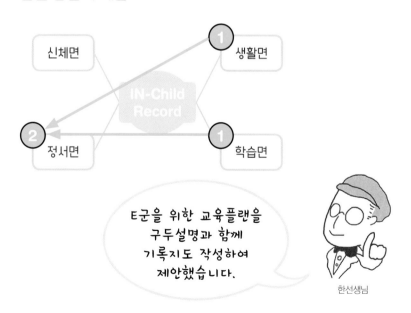

신체면

① 생활면

IN-Child Record

② 정서면

① 학습면

E군을 위한 교육플랜을
구두설명과 함께
기록지도 작성하여
제안했습니다.

한선생님

이전의 모습	지원 후의 모습
● 떠오르는 생각을 바로 말하여 수업을 방해하는 경우가 많아 다른 친구들에게 질책당했다.	● 말하기 전에 생각하는 습관이 생겨, 다른 사람이 이해할 수 있는 발언을 할 수 있게 되었다. ● 학습에 의욕적으로 참가하게 되었다.

학급 내에서 수업에 관한 규칙을 설정한다

● 수업 시작 1분 전에는 수업에 필요한 준비물을 모두 책상에서 꺼낸다.
● 의견이 있으면 손을 들고, 선생님이 지명한 사람이 발언한다.

감정적으로 흥분했을 때는 진정시킨다

● 흥분했을 때는 장소를 옮겨 진정시킨다.
● 안정이 되면, 논리적으로 원인과 결과를 나누어 설명한다.

< 이런 지도도 효과가 있어요! >

☐ 판서를 줄여, 노트 필기를 최소화 한 수업을 실시했다.

☐ 또래학습 ⇒ 조별학습 ⇒ 발표 순서로 진행하여 소수 인원과 의견을 교환하는 연습부터 단계적으로 실시했다.

논리적으로 말할 수 있어요! ○

말하는 힘·추론력
UP

원인과 결과로 나눈 이론적 지도

장소를 옮겨 진정시키기

학급 규칙 만들기와 서포트

사례 6

모범생이 되었어요!

◀중학교 1학년·남아
(6개월간 지원)

어떻게 변했을까요?

Before

- 수업 중 자리를 이탈하여 느닷없이 교실을 뛰쳐나가거나 바닥에 드러눕기도 한다.
- 선생님이 다른 친구에게 질문해도 느닷없이 대답한다.
- 좋아하는 것(음악 및 게임 이야기)을 할 때는 매우 집중한다.

교실에서 집중해서
공부할 수 있는 핵심은…
'리더십과 책임감'

After

- 수업에 적극적으로 참여하여 성적 순위가 90등 위로 올랐다!

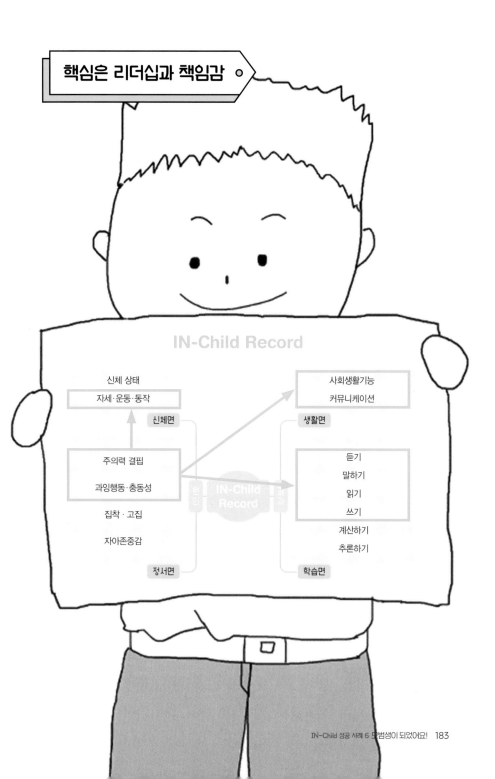

핵심은 리더십과 책임감

IN-Child Record

신체 상태
자세·운동·동작

신체면

주의력 결핍
과잉행동·충동성
집착·고집
자아존중감

정서면

사회생활기능
커뮤니케이션

생활면

듣기
말하기
읽기
쓰기
계산하기
추론하기

학습면

담임선생님

　F군은 수업 중 자리에서 일어나 교실을 나가거나 바닥에 누울 때가 있습니다. 뿐만 아니라 수업 중에 잡담도 많이 하는데, 심지어 시험 시간에도 친구에게 말을 건넬 때가 있습니다.

　음악이나 게임 등 좋아하는 일을 할 때의 집중력은 매우 좋지만, 이런 분야의 내용에서는 자신을 향한 질문이 아닌데도 느닷없이 대답하는 상황이 많습니다. 최근에는 잡초를 먹는 등 주목을 받기 위해 일부러 돌발행동을 보이기도 합니다.

사례 회의의 모습

 F군은 학습면에서의 주의력 결핍과 과잉행동·충동성에 주목해야 합니다. ADHD 경향이 수업 중의 듣기나 쓰기에 영향을 주고 있다고 판단할 수 있습니다.

 학습상황에서 집중할 수 있도록 선생님이 틈틈이 말을 걸어봅시다. 아이의 장점을 살려 학급 내 역할과 지위를 부여해 책임감을 느끼게 하면 학급의 리더가 될 가능성이 있습니다.

접근 방법의 제안

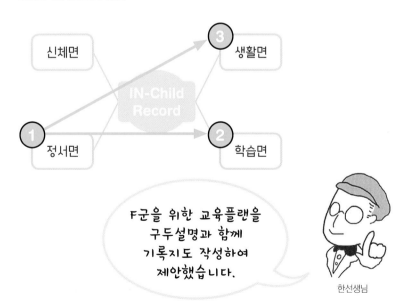

한선생님

이전의 모습	지원 후의 모습
● 수업 중에 자리를 이탈하여 바닥에 드러눕는 행동을 했고, 수업 내용을 놓치는 것이 많았다. ● 국어와 사회 과목에 유달리 취약하여 전교 순위가 200명 중 190등이었다.	● 수업에 집중해서 참가할 수 있게 되어, 내용을 놓치는 일이 줄어들었다. ● 전교 순위가 200명 중 100등으로 올랐다. ● F군의 변화로 주변 아이들까지 자극을 받아 함께 노력하게 됐다.

장점을 살려 리더를 맡기다

● 음악수업 때 합창의 파트 리더를 맡겨 책임감을 갖도록 했다.
● 리더로서 바른 행동을 보이려고 노력한 결과, 수업 중에 자리를 이탈하는 일이 줄었으며 학습에도 적극적으로 임하게 되었다.

< 이런 지도도 효과가 있어요! >

☐ F군의 자리를 맨 앞줄로 하여 선생님과 가깝게 한다. 선생님이 학급에 지시를 내린 후에 F군에게 개별적으로 다시 한번 같은 내용을 지시했다.

☐ 바람직하지 않은 행동을 보였을 때 주의를 주거나 반응을 하게 되면, 그런 행동이 강화될 수 있으므로 상황과 관계없는 주제로 전환했다.

사례 7

자신 있게
시험 치를 수 있어요!

◀중학교 1학년·남아
　(2년간 지원)

어떻게 변했을까요?

Before

- ADHD 진단을 받아 약을 복용하고 있지만, 부작용 탓인지 학교에서는 집중이 어려웠다.
- 학습과 시험에 대한 불안감이 높아 시험 전에는 등교하는 것이 힘들었다.
- 학습능력과 체력 둘 다 좋지 않아 자아존중감까지 저하됐다.

수업이나 시험 참가의 핵심은…

IN-Child Record를 공통언어로 한

'학교와 의료기관의 연계'

After

- 스스로 체력을 조절하여 수업이나 시험에 출석할 수 있게 되었다!

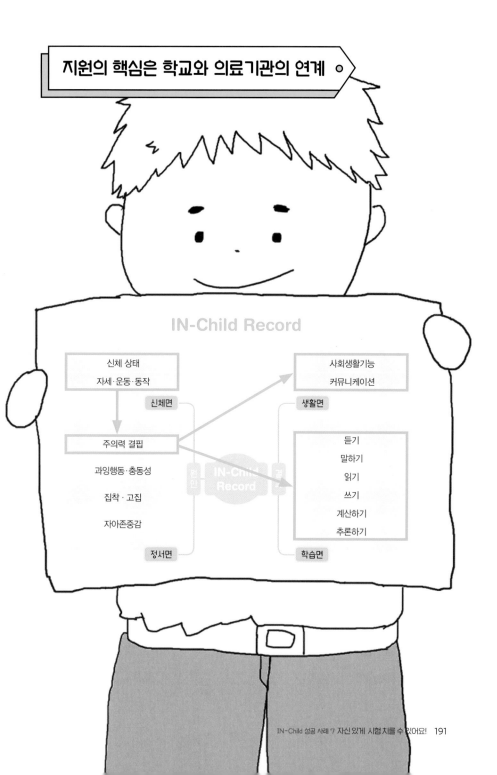

지원의 핵심은 학교와 의료기관의 연계

IN-Child Record

신체 상태

자세·운동·동작

신체면

주의력 결핍

과잉행동·충동성

집착·고집

자아존중감

정서면

사회생활기능

커뮤니케이션

생활면

듣기

말하기

읽기

쓰기

계산하기

추론하기

학습면

담임선생님

    G군은 ADHD 치료를 위해 병원에 다니고 있지만, 여전히 수업 중에 축 늘어지는 모습이 종종 보입니다.

    학부모로부터 다니는 병원을 바꿔 복용량을 늘렸다고 들었는데, 그 영향 때문인지는 잘 모르겠습니다.

    학습에 대한 의욕은 높지만, 체력이 좋지 않아 등교하지 못할 때도 있습니다. 수업에 참여하지 못하니 성적이 떨어지고 친구 관계에 있어서도 자신감이 떨어진 모습을 보입니다.

사례 회의의 모습

    G군에게는 신체면의 향상이 최우선입니다. 약을 먹고는 있지만, 부작용이 심해 수업에 집중할 수 없습니다. 나쁜 건강 상태가 학습 의욕을 꺾으며 자아존중감까지 저하시키고 있습니다.

    IN-Child Record 결과를 참고하여 학교에서의 모습을 보호자나 의료기관과 공유하며 팀으로 지원할 필요가 있습니다.

접근 방법의 제안

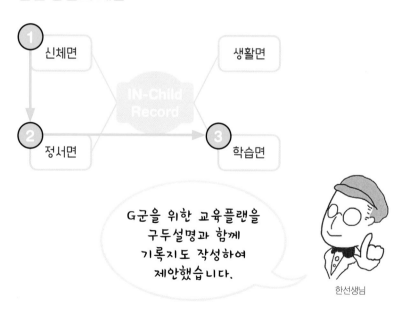

1 신체면

2 정서면

IN-Child Record

생활면

3 학습면

> G군을 위한 교육플랜을 구두설명과 함께 기록지도 작성하여 제안했습니다.

한선생님

이전의 모습	지원 후의 모습
● 잦은 몸살로 등교할 수 없는 날이 많았다. ● 등교를 해도 상담실에서 쉬는 때가 많았다. ● 시험에 대한 긴장감 때문에 백지로 제출하곤 했다.	● 상담실보다 교실에 머무르는 시간이 길어졌다. ● 시험 기간에도 출석해 모두와 같은 환경에서 시험을 칠 수 있게 되었다.

IN-Child Record를 활용한 의료기관과 학교의 연계

● 학교에서의 모습을 IN-Child Record 등의 자료를 통해 의료기관과 정보를 공유함으로써 복용조절에 도움이 됐다.

긴장 완화를 위한 한마디 건네기

● "수업을 받지 않았기 때문에 점수가 낮은 건 어쩔 수 없어."
"우선은 시험을 치르는 것이 중요하지 않을까?"
라고 긴장을 풀 수 있도록 도왔다.

  < 이런 지도도 효과가 있어요! >

  ☐ 상담실 이용 규칙을 만들어 자기행동을 조절하는 연습을 시켰습니다.
    예 : 책을 읽을 때 엎드리지 않고 바른 자세로 의자에 앉는다.

사례 8

나도 책임감 있는 사람이에요!

◀중학교 1학년 • 남아
(2년간 지원)

어떻게 변했을까요?

Before

- 행동이 미숙하고 칭찬과 인정을 받고 싶어 하는 행동이
  자주 보였다.
- 수업 중에 샤프펜을 해체하거나 지우개로 장난을 하는 등
  수업에 집중하지 못했다.
- 친구와 다툼이 생기면, 신발을 던지곤 한다.

자아존중감을 향상시키는 핵심은
'아이가 인정받는 환경 조성'

▶After

- 신뢰관계가 형성되어 학교생활이 충실해졌다!

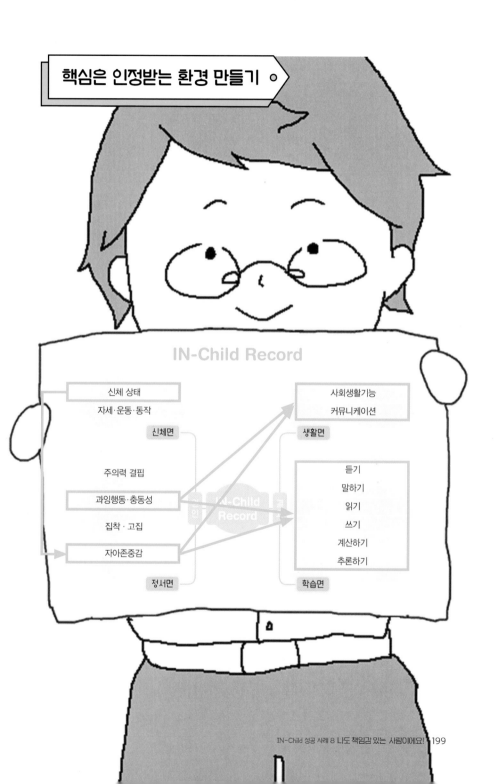

핵심은 인정받는 환경 만들기

IN-Child Record

신체 상태

자세·운동·동작

신체면

주의력 결핍

과잉행동·충동성

집착 · 고집

자아존중감

정서면

사회생활기능

커뮤니케이션

생활면

듣기

말하기

읽기

쓰기

계산하기

추론하기

학습면

담임선생님

   H군은 학기초부터 상담하고 있는데, 유달리 어리다는 인상을 받습니다. 감정기복이 심해 곧잘 침울해하지만, 누군가가 말을 걸어 주면 바로 기분이 좋아집니다.

   충동성이 강하여 감정에 거슬리는 말을 들으면 발끈하여 신발을 던지는 등 친구들과 문제가 발생할 때도 많습니다.

   학습면에서는 수업 중에 샤프펜을 해체하거나, 지우개를 찢는 등 수업에 집중하지 못하는 모습이 자주 관찰됩니다.

　H군의 니즈는 자아존중감의 향상입니다. IN-Child Record를 보면 과잉행동과 충동성을 확인할 수 있는데, 특히 친구관계에서 생긴 문제로 마음에 상처를 받을 때 충동성이 두드러집니다.

　지원방법으로는 적극적으로 H군에게 긍정적인 대응(칭찬 및 인정)을 하고, H군이 후배들과 활동할 수 있는 기회를 마련하는 것입니다. 후배들을 보살피면서 선배로서의 책임감이 싹 틀 수 있습니다.

접근 방법의 제안

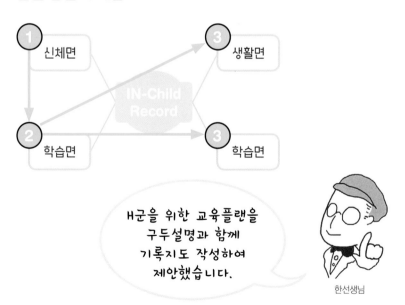

```
1  신체면          3  생활면

        IN-Child
        Record

2  학습면          3  학습면
```

H군을 위한 교육플랜을
구두설명과 함께
기록지도 작성하여
제안했습니다.

한선생님

이전의 모습	지원 후의 모습
● 행동이 미숙하고 칭찬과 인정을 받고 싶어 하는 행동이 자주 보였다. ● 수업 중에 샤프펜을 해체하거나 지우개로 장난을 하는 등 수업에 집중하지 못했다.	● 칭찬을 받기 위한 행동이 줄었다. ● 틈틈이 말을 걸면 수업에 집중해서 참가할 수 있게 되었다.

수업 중 긍정적인 말 건네기

● 집중하지 못할 때는 선생님이나 주위의 친구가 "왜 무슨 일이야?"라고 말을 건네게 하여 잘 지켜보고 있다는 것을 의식시켰다.

● 주위의 친구에게 H군이 침착하지 못할 때는 부드럽게 말을 걸어주도록 부탁했다.

방과 후 활동 중 후배를 가르치는 역할 주기

● 방과 후 활동 중 후배를 가르치는 역할을 주어 후배를 칭찬할 기회를 만들었다.

< 이런 지도도 효과가 있어요! >

☐ 선생님과의 교환일기로 신뢰관계를 구축함으로써 H군이 언제라도 상담할 수 있는 환경을 조성했다.

사례 9

공부를 도와줄 수 있어요!

◀중학교 2학년·여아
(2년간 지원)

어떻게 변했을까요?

Before

- 매일 밤늦게까지 스마트폰을 하느라 수면시간이 부족했다.
- 커뮤니케이션이 원활하지 않을 때는 토라지거나 상대방을 때리는 모습이 보였다.
- 친구관계가 좋지 않을 때는 학습에도 열중하지 못하는 모습이 보였다.

목표를 명확히 함으로써…

'스스로 자기 컨트롤 능력을 기른다'

After

- 공부에 의욕이 생겼다!

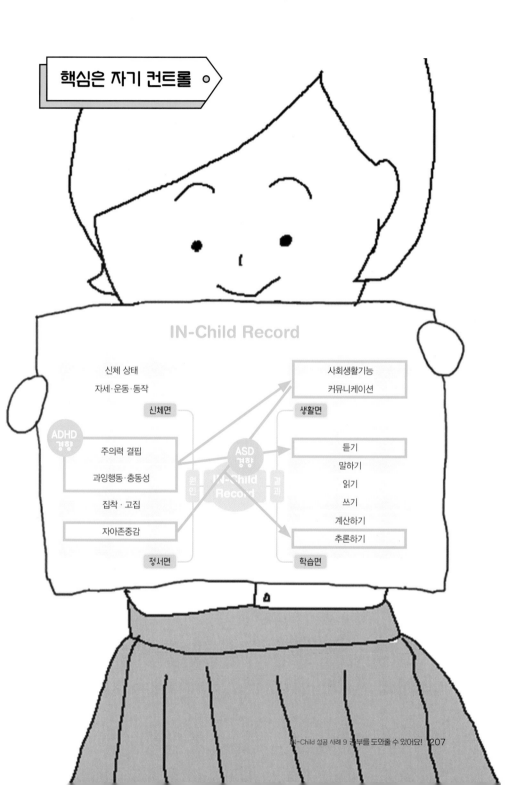

핵심은 자기 컨트롤

IN-Child Record

신체 상태
자세·운동·동작

신체면

ADHD 경향

주의력 결핍
과잉행동·충동성

집착 · 고집

자아존중감

정서면

원인

ASD 경향

IN-Child Record

결과

사회생활기능
커뮤니케이션

생활면

듣기
말하기
읽기
쓰기
계산하기
추론하기

학습면

담임선생님

　I양은 자신을 낮추면서 커뮤니케이션을 합니다. 친구들과 금방 친해지지만, 가끔은 생각대로 커뮤니케이션이 되지 않을 때는 토라지거나 친구를 때리는 등의 문제가 발생합니다.

　집에서는 숙제는 뒷전이고 스마트폰만 해서, 성적이 좀처럼 오르지 않습니다. 상담 선생님에게 "개별학습을 하고 싶다."라고 말하는 걸 보면 학습 의욕이 없는 것은 아닌 듯합니다.

사례 회의의 모습

I양의 니즈는 주의력 결핍과 과잉행동·충동성에 대한 지원입니다. 나이에 비해 미숙한 언동은 주위로부터 인정받고 싶은 욕구의 표현이라고 생각됩니다.

수업에 집중하지 못하는 것과 친구들과 커뮤니케이션에 문제가 발생하는 것은 주의력 결핍과 과잉행동·충동성 때문일 수 있습니다.

앞자리에 배치하여 어떤 과제를 하면 되는지 자주 알려주어 스스로 행동을 조절하도록 도울 필요가 있습니다.

접근 방법의 제안

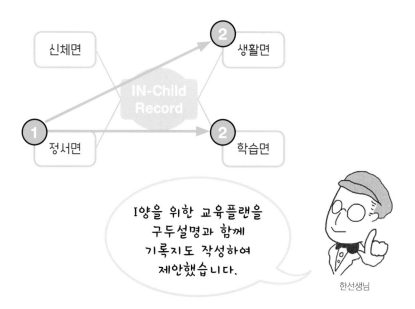

신체면

② 생활면

IN-Child
Record

① 정서면

② 학습면

I양을 위한 교육플랜을
구두설명과 함께
기록지도 작성하여
제안했습니다.

한선생님

이전의 모습	지원 후의 모습
● 집에서 숙제는 하지 않고, 스마트폰만 쥐고 있다. ● 생각대로 커뮤니케이션이 되지 않으면 토라지거나 친구를 때리는 경우가 많았다.	● 스마트폰 사용 시간을 분명하게 정하여 숙제에 집중할 수 있게 되었다. ● 친구를 가르치면서 커뮤니케이션을 잘할 수 있게 되었다.

수업에 집중하지 않을 때 말 건네기

● 집중하지 않고 있을 때는 "지금 뭐 하는 중이었지?"라고 말을 건네어, 지금 해야 할 일을 인식시켰다.

● 앞줄에 앉게 하여 학습에 집중할 수 있는 환경을 조성하고, 모든 선생님들이 일관된 지도를 할 수 있도록 했다.

< 이런 지도도 효과가 있어요! >

☐ 전자 칠판의 관리 등 학급 내 역할을 부여함으로써 칭찬받을 기회를 의도적으로 늘려 갔다.

공부를 도와줄 수 있어요! ○

학습 의욕
UP

말 건네기로 철저하게 관리

학습 우선 자리를 활용한 학습지원

학급 내 칭찬받을 기회 확보

일상생활에서부터
차곡차곡 쌓아 가는 것

사례 10

수면습관을 개선했어요!

◀중학교 2학년·남아
(2년간 지원)

어떻게 변했을까요?

Before

- 밤늦게까지 게임을 하므로 학교에서는 늘 졸려서 수업에 집중할 수 없었다.
- 자아존중감이 저하되어 수업에 의욕을 갖지 못하고 멍-하게 있다.

학습에 의욕을 갖게 만드는 핵심은…
'환경 조성'

After

- 친구의 협력으로 학습에 의욕이 생겼다!

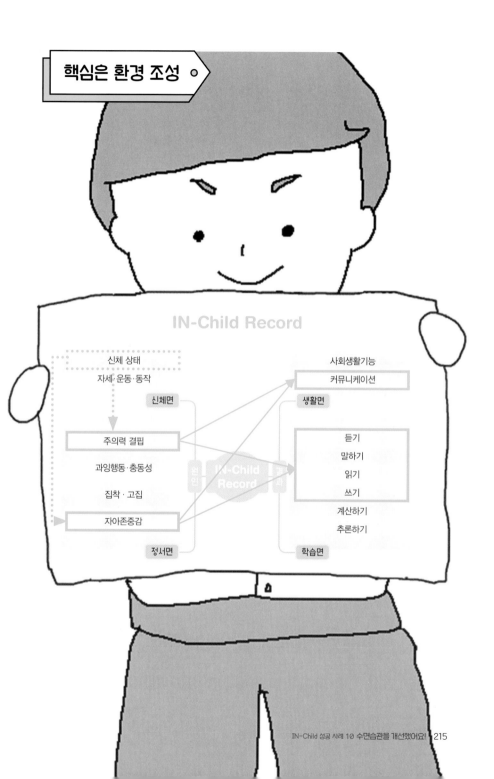

핵심은 환경 조성

IN-Child Record

신체 상태
자세 · 운동 · 동작

신체면

주의력 결핍

과잉행동 · 충동성

집착 · 고집

자아존중감

정서면

사회생활기능
커뮤니케이션

생활면

듣기
말하기
읽기
쓰기
계산하기
추론하기

학습면

담임선생님

　G군은 감정기복이 심합니다. 방과 후 활동에 참여할 때도 흥미가 생기지 않으면 적극적으로 참여하지 않거나 결석을 합니다. 또한 자신이 할 수 있다고 여기는 활동은 열심히 참여하지만, 잘하지 못하는 활동은 극단적으로 소극적인 모습을 보입니다.

　밤늦게까지 게임을 한다는데, 학교에서는 졸린 모습만을 보이니 수면 부족이 감정기복에 영향을 미치고 있을 가능성이 있습니다.

　G군에게는 신체면의 향상이 필요합니다. 신체에 피로가 쌓여 자아존중감까지 저하된 상태라고 판단할 수 있습니다. 수면이 부족해 에너지가 회복되지 않으면, 활동에 몰두하기 위한 의욕이 저하되는 게 당연합니다.

　충분한 수면으로 피로회복을 돕고, 친구와 함께하는 시간을 보내면서 학습에 흥미를 가질 수 있는 환경을 조성하는 것이 중요합니다.

접근 방법의 제안

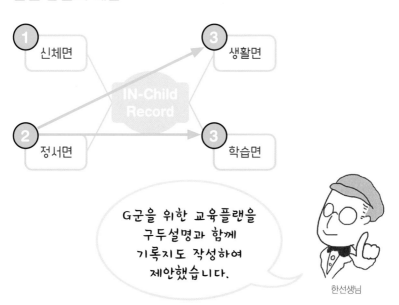

1 신체면

3 생활면

2 정서면

3 학습면

IN-Child Record

G군을 위한 교육플랜을 구두설명과 함께 기록지도 작성하여 제안했습니다.

한선생님

이전의 모습	지원 후의 모습
● 밤늦게까지 게임을 하느라 만성적인 수면부족에 시달렸다.	● 수면시간을 스스로 기록하며 관리할 수 있게 되었다.
● 취약한 과목일수록 소홀해지는 등 동기부여가 어려웠다.	● 취약한 과목에도 의욕을 갖게 되었다.

IN-Child Record를 사용한 가정과의 연계

● IN-Child Record 결과를 기반으로 학교에서의 모습을 공유했다.
● 가정과 연계하여 게임 시간에 대한 규칙을 만들었다.

지망 학교 설정과 단계적 지원

● 지망하는 학교로 진학하기 위한 필요 점수를 구체적으로 제시했다.
● 취약한 과목에 임할 때는 과제의 난이도를 쉽게 설정했다.

< 이런 지도도 효과가 있어요! >

☐ 학급 편성 시에 친숙한 학생을 포함하여 전년도의 학급 분위기를 계속 이어갔다.

☐ IN-Child에게 자주 말을 걸어주고, 집중회복 및 학습지원을 해줄 학생을 주변에 배치했다.

IN-Child Record의 특징

- 교육현장에서의 아이의 모습을 체크한 후, 그 결과를 분석하여 부모와 교사가 아이에게 적합한 지원을 할 수 있다.

- 원인에 해당하는 신체면·정서면과 결과에 해당하는 생활면·학습면으로 크게 4가지 측면에서 종합적으로 아이의 상태를 파악한다. (총 14영역 82문항)

- IN-Child Record의 문항 세부내용을 반드시 숙지하고 기록을 시작해야 한다.

- IN-Child Record 결과를 기반으로 적합한 지도 방법을 설계할 수 있다.

「IN-Child」 프로젝트를 학교 차원에서 저작권을 구매하여 실시하고자 하시는 분은 support@youngjin.com으로 연락주시기 바랍니다. 협의를 통해 제공 가능한 사항은 다음과 같습니다.

- IN-Child Record 제공
- 보다 전문적인 지도 및 학습방안 자료 제공(개별교육플랜 관련)

IN-Child Record

순서 1

각 문항에서 가장 적합하다고 생각하는 번호 1~5에 표시해 주세요.

- 매우 그렇다 ··· 1점
- 그렇다 ··· 2점
- 보통이다 ··· 3점
- 아니다 ··· 4점
- 전혀 아니다 ··· 5점

| 올바른 기록방법 |

신체면		문항	매우 그렇다	그렇다	보통 이다	아니다	전혀 아니다	합계
신체 상태	Q1	더럽고 냄새나거나 찢어진 비위생적 상태의 옷을 입고 있다.	1	2	③	4	5	/ 50
	Q2	골절·멍·화상 등 부자연스러운 상처가 자주 보인다.	1	●	3	4	5	
	Q3	머리카락이나 치아, 손톱의 위생이 관리되지 않는다.	1	2	3	4	5	
	Q4	체중·신장 등 성장 상태가 좋지 않다.	1	2	3	4	⑤	
	Q5	지속된 피로감과 활동성 저하가 보인다.	1	∨	3	4	5	

| 이러면 안돼요! |

신체면		문항	매우 그렇다	그렇다	보통 이다	아니다	전혀 아니다	합계
신체 상태	Q1	더럽고 냄새나거나 찢어진 비위생적 상태의 옷을 입고 있다.	1	②	3	④	5	/ 50
	Q2	골절·멍·화상 등 부자연스러운 상처가 자주 보인다.	1	2	3	4	5	
	Q3	머리카락이나 치아, 손톱의 위생이 관리되지 않는다.	1	2	3	4	5	
	Q4	체중·신장 등 성장 상태가 좋지 않다.	1	2	3	4	5	
	Q5	지속된 피로감과 활동성 저하가 보인다.	1	2	3	4	5	

- 1개 문항에 체크가 2개 이상 있다.
- 문항에 체크가 없다(빈칸).
- 불분명한 체크 표시(지운 흔적 등).

순서 2

각 영역의 합계 점수를 제일 오른쪽 끝 칸에 기입해 주세요.

영역		문항	매우 그렇다	그렇다	보통 이다	아니다	전혀 아니다	합계
신체 상태	Q1	더럽고 냄새나거나 찢어진 비위생적 상태의 옷을 입고 있다.	1	2	3	4	5	40/ 50
	Q2	골절·멍·화상 등 부자연스러운 상처가 자주 보인다.	1	2	3	4	5	
	Q3	머리카락이나 치아, 손톱의 위생이 관리되지 않는다.	1	2	3	4	5	
	Q4	체중·신장 등 성장 상태가 좋지 않다.	1	2	3	4	5	
	Q5	지속된 피로감과 활동성 저하가 보인다.	1	2	3	4	5	
	Q6	긴장하면 신체가 위축된다.	1	2	3	4	5	
	Q7	무표정 혹은 멍하니 있는 모습이 관찰된다.	1	2	3	4	5	
	Q8	몸이 안 좋다고 호소하나 증상이 쉽게 변한다.	1	2	3	4	5	
	Q9	보호자와 과도하게 밀착해 있다.	1	2	3	4	5	

순서 3

영역별 점수를 기입한 후 종합점수를 산출해 주세요.

 최종 확인 문항 중 하나라도 체크되지 않은 항목이 있으면 ICR 분석을 할 수 없습니다. 대답하기 어려운 문항은 「3 : 보통이다」에 체크해 주세요.

IN-Child Record

신체 상태	/ 50		사회생활기능	/ 25
자세·운동·동작	/ 50		커뮤니케이션	/ 25

신체면   생활면

주의력 결핍	/ 35		듣기	/ 25
과잉행동·충동성	/ 30		말하기	/ 25
집착 · 고집	/ 30		읽기	/ 25
자아존중감	/ 25		쓰기	/ 25
			계산하기	/ 25
			추론하기	/ 15

정서면   학습면

IN-Child Record

※기입필수 (해당 사항에 ○를 해 주세요)

1. 실시일 :　　년　　　월　　　일
2. 학　교 :　　초등학교　　　　　중학교
3. 대상자 :　　학년　　　반　　　번호 (남 · 여)

신체면		문항	매우 그렇다	그렇다	보통 이다	아니다	전혀 아니다	합계
신체 상태	Q1	더럽고 냄새나거나 찢어진 비위생적 상태의 옷을 입고 있다.	1	2	3	4	5	/50
	Q2	골절·멍·화상 등 부자연스러운 상처가 자주 보인다.	1	2	3	4	5	
	Q3	머리카락이나 치아, 손톱의 위생이 관리되지 않는다.	1	2	3	4	5	
	Q4	체중·신장 등 성장 상태가 좋지 않다.	1	2	3	4	5	
	Q5	지속된 피로감과 활동성 저하가 보인다.	1	2	3	4	5	
	Q6	긴장하면 신체가 위축된다.	1	2	3	4	5	
	Q7	무표정 혹은 멍하니 있는 모습이 관찰된다.	1	2	3	4	5	
	Q8	몸이 안 좋다고 호소하나 증상이 쉽게 변한다.	1	2	3	4	5	
	Q9	보호자와 과도하게 밀착해 있다.	1	2	3	4	5	
	Q10	나이에 맞지 않는 성적인 흥미와 관심 및 언행이 보인다.	1	2	3	4	5	
자세 운동 동작	Q11	바른 자세를 취할 수 없다.	1	2	3	4	5	/50
	Q12	일상생활 중 균형을 잘 잡지 못한다.	1	2	3	4	5	
	Q13	일어서거나 앉을 때 균형이 쉽게 흐트러진다.	1	2	3	4	5	
	Q14	한 발로 설 수 없다.	1	2	3	4	5	
	Q15	빠르게 걷거나 달리면 쉽게 넘어진다.	1	2	3	4	5	
	Q16	이동 중 사람이나 사물에 쉽게 부딪힌다.	1	2	3	4	5	
	Q17	달리다 갑자기 멈추지 못한다.	1	2	3	4	5	
	Q18	경사 및 울퉁불퉁한 길에 대처하여 신체를 조절하기 어렵다.	1	2	3	4	5	
	Q19	점심 식사 시간에 배급받은 음식을 이동 중 자주 흘린다.	1	2	3	4	5	
	Q20	도구를 사용하는 놀이에 능숙하지 못하다.	1	2	3	4	5	

정서면		문항	매우 그렇다	그렇다	보통 이다	아니다	전혀 아니다	합계
주의력 결핍	Q21	쉽게 산만해진다.	1	2	3	4	5	/35
	Q22	분실물이 많거나 일상적인 활동을 잘 잊어버린다.	1	2	3	4	5	
	Q23	공부할 때 세부적인 부분에 신경을 쓰지 않아 실수를 한다.	1	2	3	4	5	
	Q24	얼굴을 보며 대화를 해도 경청하지 않는 것처럼 보인다.	1	2	3	4	5	
	Q25	집중해서 지속적으로 노력해야 하는 과제를 회피한다(수업 및 숙제).	1	2	3	4	5	
	Q26	과제 및 활동의 우선순위를 정하고 행하기 어려워한다.	1	2	3	4	5	
	Q27	지시를 따르지 않고, 일도 완수하지 못한다.	1	2	3	4	5	
과잉 행동 · 충동성	Q28	손발을 가만두지 못하거나 앉아 있어도 부산스럽다.	1	2	3	4	5	/30
	Q29	수업 중 자주 자리를 이탈한다.	1	2	3	4	5	
	Q30	정숙해야 하는 장소에서 지나치게 뛰어다니거나 어딘가로 기어오른다.	1	2	3	4	5	
	Q31	순서를 기다리기 어려워한다.	1	2	3	4	5	
	Q32	질문이 끝나기도 전에 성급하게 대답한다.	1	2	3	4	5	
	Q33	다른 사람의 활동을 방해하거나 간섭한다.	1	2	3	4	5	
집착 · 고집	Q34	특정 사물 및 행위에 집착한다.	1	2	3	4	5	/30
	Q35	매우 잘하는 것도 있고, 지나치게 못하는 것 도 있다.	1	2	3	4	5	
	Q36	특정 분야의 지식이 있으나, 단순 암기이 므로 의미를 이해하지 못한다.	1	2	3	4	5	
	Q37	일반적으로 크게 흥미를 갖지 않는 것에 관심을 가지며 「자기만의 지식 세계」를 갖 고 있다.	1	2	3	4	5	
	Q38	자신만의 일과나 순서가 있어서 스케줄 변경을 싫어한다.	1	2	3	4	5	
	Q39	어떤 행동이나 생각에 강하게 집착해서 일상생활에 무리가 있다.	1	2	3	4	5	
자아 존중감	Q40	어떤 행동을 하기 전에 주변 사람들에게 재차 확인한다.	1	2	3	4	5	/25
	Q41	주변 어른들에게 먼저 말을 건네지 않는다.	1	2	3	4	5	
	Q42	실패한 일에는 재시도를 하려 하지 않는다.	1	2	3	4	5	
	Q43	도전에 성공해도 기쁜 표정을 짓지 않는다.	1	2	3	4	5	
	Q44	긍정적인 말을 건네도 불안정한 모습을 보인다.	1	2	3	4	5	

생활면		문항	매우 그렇다	그렇다	보통 이다	아니다	전혀 아니다	합계
사회 생활 기능	Q45	학교를 지각하고 조퇴하는 일이 잦다.						/25
	Q46	자리를 이탈하거나 장난을 치는 등 수업 규칙에 맞는 행동을 하지 못한다.						
	Q47	공놀이나 게임을 할 때 친구와 협력하지 않는다.						
	Q48	목적이 없어도 상황과 장소를 고려하지 않고 대화에 끼어든다.						
	Q49	친구들과 같이 있지만, 혼자 노는 경우가 많다.						
커뮤니 케이션	Q50	학급 친구나 선생님 등 수업과 관련된 주변 사람과 어울리려 하지 않는다.						/25
	Q51	주변 사람들이 당황할 만큼 직설적으로 말한다.						
	Q52	형식적으로 억양이나 간격 없이 대화할 때가 있다.						
	Q53	함축성 있는 말이나 싫은 소리를 들을 때 단어대로만 이해하고 받아들인다.						
	Q54	적절한 커뮤니케이션 방법으로 표현하기 어렵다.						

학습면		문항	매우 그렇다	그렇다	보통 이다	아니다	전혀 아니다	합계
듣기	Q55	긴 이야기는 이해하기 어려워한다.						/25
	Q56	간단한 지시나 질문을 잘못 이해하거나 빠뜨린다.						
	Q57	소리를 잘못 듣는 경우가 많다.						
	Q58	대화에 어려움이 있다.						
	Q59	개별로 전달하면 내용을 이해하지만, 단체로 전달하면 내용을 이해하지 못한다.						
말하기	Q60	적절한 속도로 말하기 어려워한다.						/25
	Q61	말할 때 다른 발음을 내거나 정확하게 발음하지 못한다.						
	Q62	단어를 상기하는 데 시간이 걸려 대화 도중에 말이 막힌다.						
	Q63	단어를 나열하는 등 짧은 문장으로 말하여 이해하기 어렵다.						
	Q64	생각나는대로 말하는 등 앞뒤가 맞지 않는 이야기를 한다.						

학습면		문항	매우 그렇다	그렇다	보통 이다	아니다	전혀 아니다	합계
읽기	Q65	빈번히 사용하는 단어도 틀리게 읽는다.						/25
	Q66	소리 내어 읽을 때 받침읽기를 어려워하고 음절을 생략하거나 대치한다.						
	Q67	문장에서 구·절·행을 빠뜨리거나 반복해서 읽는다.						
	Q68	읽는 속도가 느리다.						
	Q69	읽을 수는 있지만, 내용은 이해하지 못한다.						
쓰기	Q70	알아보기 힘든 글씨체를 가졌다.						/25
	Q71	획순이나 받침을 잘못 쓰는 등 철자 오류가 있다.						
	Q72	철자를 틀리거나 글자를 누락하는 경우가 많아 노트 필기 및 작문을 어려워한다.						
	Q73	마침표나 쉼표를 빠뜨리거나 적합한 곳에 찍지 못한다.						
	Q74	한정된 분량의 작문이나 정해진 패턴의 문장밖에 쓰지 못한다.						
계산 하기	Q75	학년에 상응한 숫자 및 수의 개념을 어려워한다.						/25
	Q76	간단한 계산도 암산하지 못한다.						
	Q77	계산에 많은 시간이 걸린다.						
	Q78	해답을 얻는데 필요한 단계를 따라 문제를 풀기 어려워한다.						
	Q79	학년에 상응한 서술형 문제를 풀기 어려워한다.						
추론 하기	Q80	학년에 상응한 수량·시간·사물의 위치·공간 문제를 어려워한다.						/15
	Q81	학년에 상응한 도형문제의 구성·분해·모사를 어려워한다.						
	Q82	사물의 인과관계를 이해하기 어려워한다.						

※ 본 척도는 일본의 공동연구기업이 독점적 사용권을 보유하고 있으므로 무단 복제 및 사용을 금합니다.

IN-Child Record

신체 상태   / 50

자세·운동·동작   / 50

신체면

주의력 결핍   / 35

과잉행동·충동성   / 30

집착 · 고집   / 30

자아존중감   / 25

원인

IN-
R

정서면

사회생활기능   / 25

커뮤니케이션   / 25

생활면

듣기   / 25

말하기   / 25

읽기   / 25

쓰기   / 25

계산하기   / 25

추론하기   / 15

학습면

결과

ild
rd

IN-Child Record 문항 세부내용

문항			내용의 해석	
			낮은 점수	높은 점수
신체면	신체상태	Q1 더럽고 냄새나거나 찢어진 비위생적 상태의 옷을 입고 있다.	항상 옷이 찢어지거나 더러운 비위생적 상태	항상 옷이 깨끗한 위생적 상태
		Q2 골절·멍·화상 등 부자연스러운 상처가 자주 보인다.	부자연스러운 골절이나 멍, 화상이 빈번하게 관찰되는 상태	골절이나 멍, 화상 등 부자연스러운 상처가 없는 상태
		Q3 머리카락이나 치아, 손톱의 위생이 관리되지 않는다.	비듬, 충치 등 위생관리가 되지 않은 상태	비듬, 충치 등 위생이 청결하게 관리된 상태
		Q4 체중·신장 등 성장 상태가 좋지 않다.	영양실조 경향, 저체중과 저신장의 발육 불량 상태	영양상태가 양호하여 건강하고 발육에 지장이 없는 상태
		Q5 지속된 피로감과 활동성 저하가 보인다.	만성 피로와 활동성 저하로 건강 상태가 좋지 않아 보이는 상태	건강 상태가 좋고 활동적인 상태
		Q6 긴장하면 신체가 위축된다.	소리나 진동에 과잉 반응하여 두려움과 불안감을 보이는 등 경계심이 강하여 긴장해 신체가 위축된 상태	적당한 긴장감을 유지하는 상태
		Q7 무표정 혹은 멍하니 있는 모습이 관찰된다.	무표정 혹은 냉소적 시선 등으로 반응이 적다.	일상적으로 표정이 풍부하다.
		Q8 몸이 안 좋다고 호소하나 증상이 쉽게 변한다.	두통·복통 등 증상이 쉽게 변하며 건강 이상을 자주 호소한다.	건강 상태가 양호하며 아플 때는 휴식을 취하는 자기관리능력이 있다.
		Q9 보호자와 과도하게 밀착해 있다.	보호자의 눈치를 살피며 부자연스럽게 밀착된 상태	보호자와 자연스럽게 상호작용하는 상태
		Q10 나이에 맞지 않는 성적인 흥미와 관심 및 언행이 보인다.	친구의 성기를 만지거나 자신의 성기를 보여주는 등 성적인 흥미와 관심 및 언행이 보인다.	나이에 걸맞은 성에 관한 지식이 형성되어 있다.

문항			내용의 해석	
			낮은 점수	높은 점수
신체면	자세 · 운동 · 동작	Q11	바른 자세를 취할 수 없다.	앉아 있을 때 팔다리를 움직이고 몸을 들썩거리는 등 일정 시간 바른 자세를 유지할 수 없다.	일정 시간 바른 자세를 유지할 수 있다.
		Q12	일상생활 중 균형을 잘 잡지 못한다.	일상생활 중 습관적으로 행하는 동작이라도 신체의 중심을 알맞게 조절하기 어려워한다.	일상생활 중 습관적으로 행하는 동작을 할 때, 신체의 중심을 알맞게 조절할 수 있다.
		Q13	일어서거나 앉을 때 균형이 쉽게 흐트러진다.	자세를 바꿀 때 신체의 중심을 조절하기 어려워한다.	자세를 바꿀 때 신체의 중심을 조절할 수 있다.
		Q14	한 발로 설 수 없다.	한 발로 서 있는 자세를 유지하기 어려워한다.	한 발로 서 있는 자세를 유지할 수 있다.
		Q15	빠르게 걷거나 달리면 쉽게 넘어진다.	빨리 걷거나 달리면 자주 넘어져 이동하는 운동을 어려워한다.	쉽게 넘어지지 않아. 빨리 걷거나 뛰는 운동을 할 수 있다.
		Q16	이동 중 사람이나 사물에 쉽게 부딪힌다.	이동 중인 사람 및 물건을 피해서 걷기 어려워한다.	이동 중인 사람 및 물건과 부딪히지 않고 걸을 수 있다.
		Q17	달리다 갑자기 멈추지 못한다.	달릴 때 갑자기 멈추라는 요청에 응할 수 없다.	달릴 때 멈추라는 요청에 바로 응할 수 있다.
		Q18	경사 및 울퉁불퉁한 길에 대처하여 신체를 조절하기 어렵다.	다양한 도로 상황에 따라 보행하기 어려워한다.	다양한 도로 상황에 따라 보행할 수 있다.
		Q19	점심 식사 시간에 배급받은 음식을 이동 중 자주 흘린다.	배급받은 음식을 자리까지 운반할 때 자주 흘린다.	배급받은 음식을 자리까지 운반할 때 흘리지 않는다.
		Q20	도구를 사용하는 놀이에 능숙하지 못하다.	공놀이·줄넘기·배드민턴 등 물건의 운반·이동·조작 관련된 놀이를 어려워한다.	공놀이·줄넘기·배드민턴 등 물건의 운반·이동·조작 관련된 놀이를 할 수 있다.

문항			내용의 해석	
			낮은 점수	높은 점수
정서면	주의력 결핍	Q21 쉽게 산만해진다.	주의가 산만해지기 쉽다.	집중할 수 있다.
		Q22 분실물이 많거나 일상적인 활동을 잘 잊어버린다.	교과서나 준비물을 분실하는 때가 많고, 일정의 변화나 정해진 활동을 곧잘 잊는다.	교과서나 준비물을 항상 챙기며 일정의 변화나 정해진 활동을 기억한다.
		Q23 공부할 때 세부적인 부분에 신경을 쓰지 않아 실수를 한다.	학습 시 지레짐작이나 오탈자 등 부주의한 실수가 많다.	학습 시 지레짐작이나 오탈자 등 부주의한 실수가 적다.
		Q24 얼굴을 보며 대화를 해도 경청하지 않는 것처럼 보인다.	멍-하니 있거나 다른 일에 신경을 빼앗겼을 때는 얼굴을 보고 말을 걸어도 듣고 있지 않는 것처럼 보일 때가 있다.	말을 걸어 대화를 할 때, 확실하게 듣고 있다는 것을 알 수 있다.
		Q25 집중해서 지속적으로 노력해야 하는 과제를 회피한다(수업 및 숙제).	학교 공부나 숙제 등 지속적으로 집중하고 노력해야 하는 과제를 극단적으로 피한다.	학교 공부나 숙제 등 지속적으로 집중하고 노력해야 하는 과제에도 적극적으로 임한다.
		Q26 과제 및 활동의 우선순위를 정하고 행하기 어려워한다.	목적에 따라 행동을 계획하거나 순서에 맞춰 효율적으로 진행하는 걸 어려워한다.	목적에 따라 행동을 계획하거나 순서에 맞춰 효율적으로 일을 추진할 수 있다.
		Q27 지시를 따르지 않고, 일도 완수하지 못한다.	지시 내용을 이해하지 못하거나 수행방법을 몰라서 일을 완수하기 어려워한다.	지시에 따라 일을 완수할 수 있다.
	과잉행동·충동성	Q28 손발을 가만두지 못하거나 앉아 있어도 부산스럽다.	손발을 계속 움직이거나 몸을 옴지락거리며 쉽게 산만해진다.	손발을 움직이거나 몸을 옴지락거리는 행동이 없다.
		Q29 수업 중 자주 자리를 이탈한다.	수업 중 자주 자리를 이탈해 학습에 지장이 있다.	자리를 이탈하는 일 없이 수업에 집중한다.
		Q30 정숙해야 하는 장소에서 지나치게 뛰어다니거나 어딘가로 기어오른다.	조회시간 등 조용해야 하는 상황에서 뛰어다니거나 어딘가로 기어오른다.	조용해야 하는 상황에서 지시에 따른 수행을 할 수 있다.
		Q31 순서를 기다리기 어려워한다.	토론 순서를 기다리지 못하거나 급식 순서를 기다리지 못해 끼어드는 일이 자주 있다.	줄을 서는 등 차례를 기다릴 수 있다.
		Q32 질문이 끝나기도 전에 성급하게 대답한다.	질문을 끝까지 듣기 전에 충동적으로 대답하는 경우가 잦다.	질문을 끝까지 듣고 대답한다.
		Q33 다른 사람의 활동을 방해하거나 간섭한다.	다른 친구의 활동에 간섭하거나 친구에게 장난을 걸어 방해한다.	다른 친구의 행동을 방해하지 않는다.

문항			내용의 해석	
			낮은 점수	높은 점수
정서면	집착·고집	Q34	특정 사물 및 행위에 집착한다.	특정한 물건이나 행위에 강하게 집착하여 생활에 지장이 있다.	특정한 것에 집착하지 않는다.
		Q35	매우 잘하는 것도 있고, 지나치게 못하는 것도 있다.	잘하는 과목과 못하는 과목의 성적 차이가 큰 상태	잘하는 과목과 못하는 과목의 성적 차이가 작은 상태
		Q36	특정 분야의 지식이 있으나, 단순 암기이므로 의미를 이해하지 못한다.	특정 분야의 지식이 있으나 단순 암기인 경우가 많아 그 의미를 정확하게 이해하지 못한다.	어떤 사물에 관한 의미를 정확히 이해한다.
		Q37	일반적으로 크게 흥미를 갖지 않는 것에 관심을 가지며 「자기만의 지식 세계」를 갖고 있다.	마니아적인 제한된 것에 흥미와 관심을 갖고 있다.	다양한 것에 흥미와 관심을 갖고 있다.
		Q38	자신만의 일과나 순서가 있어서 스케줄 변경을 싫어한다.	갑자기 일정이 변경되면 쉽게 납득할 수 없어 혼란스러워하며 일상생활에 지장이 생긴다.	갑작스런 변화에도 임기응변으로 대응할 수 있다.
		Q39	어떤 행동이나 생각에 강하게 집착해서 일상생활에 무리가 있다.	특정 행동이나 생각에 집착하여 일상생활에 지장을 초래한다.	특정한 행동이나 생각에 집착하지 않고 활동에 참여할 수 있다.
	자아존중감	Q40	어떤 행동을 하기 전에 주변 사람들에게 재차 확인한다.	스스로 결정하지 못하고 주위 사람에게 재차 확인하는 행동 때문에 일상생활에 지장이 있다.	모르는 것을 주위에 묻곤 하지만, 스스로 결정할 수 있다.
		Q41	주변 어른들에게 먼저 말을 건네지 않는다.	친근한 어른들과도 스스로 어울리려고는 하지 않으며 문제가 생겨도 상담하지 않는다.	친근한 어른들과 어울리는 모습을 볼 수 있다.
		Q42	실패한 일에는 재시도를 하려 하지 않는다.	실패한 경험이 있는 활동에는 다시 시도하려는 태도를 볼 수 없다.	실패한 경험이 있어도 재차 도전하며 스스로 개선하려는 태도가 보인다.
		Q43	도전에 성공해도 기뻐하지 않는다.	도전에 성공해도 기쁜 표정이나 행동을 볼 수 없다.	도전에 성공하면 기쁜 표정을 지으며 도전에 적극적인 태도를 보인다.
		Q44	긍정적인 말을 건네도 불안정한 모습을 보인다.	감정적으로 혼란스러울 때 긍정적인 말을 건네도 안심하지 못한다.	감정적으로 혼란스러울 때 긍정적인 말을 건네면 점차 안심한다.

문항			내용의 해석	
			낮은 점수	높은 점수
생활면	사회생활기능	Q45 학교를 지각하고 조퇴하는 일이 잦다.	매일같이 학교를 지각하고 조퇴한다.	지각이나 조퇴, 결석이 없다.
		Q46 자리를 이탈하거나 장난을 치는 등 수업 규칙에 맞는 행동을 하지 못한다.	수업 규칙을 이해하지 못하며 자리를 벗어나거나 장난을 친다.	수업 규칙을 이해하며 자리를 벗어나거나 장난을 치지 않는다.
		Q47 공놀이나 게임을 할 때 친구와 협력하지 않는다.	공놀이나 게임을 할 때 적절히 협력하지 못해 고립될 때가 있다.	공놀이나 게임을 할 때 적극적으로 협력한다.
		Q48 목적이 없어도 상황과 장소를 고려하지 않고 대화에 끼어든다.	의사전달 목적이 없으면서도 상황과 관계없이 투덜대거나 소리치거나 헛기침을 한다.	무관한 상황에서 이유 없이 투덜대거나 소리치거나 헛기침하지 않는다.
		Q49 친구들과 같이 있지만, 혼자 노는 경우가 많다.	친구가 옆에 있어도 수다를 떠는 등 함께 놀지 않고 혼자서 논다.	친구가 옆에 있을 때는 즐겁게 이야기하거나 같이 논다.

문항			내용의 해석	
			낮은 점수	높은 점수
생활면	커뮤니케이션	Q50 학급 친구나 선생님 등 수업과 관련된 주변 사람과 어울리려 하지 않는다.	수업 중 친구나 선생님과 어울리려 하지 않으며 상호작용도 하지 않는다.	수업 중 친구나 선생님과 어울리며 적극적으로 상호작용한다.
		Q51 주변 사람들이 당황할 만큼 직설적으로 말한다.	주변 사람들이 싫어하는 경우에도 대상에게 배려없이 말을 한다.	주변 사람을 배려하면서도 자기 의견을 말할 수 있다.
		Q52 형식적으로 억양이나 간격 없이 대화할 때가 있다.	형식적이며 억양이 이상하거나 끊임없이 이야기하여 커뮤니케이션에 지장이 있다.	주변 사람들과 불편없이 커뮤니케이션 할 수 있다.
		Q53 함축성 있는 말이나 싫은 소리를 들을 때 단어대로만 이해하고 받아들인다.	함축성 있는 말이나 싫은 소리를 들을 때 단어 그대로 이해하여 커뮤니케이션에 지장이 있다.	함축성 있는 말이나 싫은 소리를 들었을 때 그 의미를 이해하여 대응할 수 있다.
		Q54 적절한 커뮤니케이션 방법으로 표현하기 어렵다.	언어나 비언어를 포함한 적절한 커뮤니케이션 수단을 선택하여 표현하는 것을 어려워한다.	언어와 비언어를 포함한 적절한 커뮤니케이션 수단을 선택하여 표현할 수 있다.

문항			내용의 해석	
			낮은 점수	높은 점수
학습면	듣기	Q55	긴 이야기는 이해하기 어려워한다.	이야기가 길어지면 이해하기 어려워한다.	이야기가 길어져도 이해할 수 있다.
		Q56	간단한 지시나 질문을 잘 못 이해하거나 빠뜨린다.	간단한 지시나 질문을 받았을 때 잘못 이해하거나 빼먹고 듣는다.	간단한 지시나 질문을 제대로 이해한다.
		Q57	소리를 잘못 듣는 경우가 많다.	'알았다'를 '잘 갔다'로, '하니'를 '아니'라고 듣는 등 소리를 제대로 듣지 못한다.	단어의 소리를 정확하게 들을 수 있다.
		Q58	대화에 어려움이 있다.	대화의 흐름을 이해하지 못해 학교생활 및 학습에 지장이 있다.	특별한 어려움 없이 대화에 참여할 수 있다.
		Q59	개별로 전달하면 내용을 이해하지만, 단체로 전달하면 내용을 이해하지 못한다.	개별로 전달하면 내용을 이해하지만, 단체로 전달하면 내용을 놓치는 경우가 많다.	전달 방식과 상관 없이 지시내용을 이해하고 기억한다.
	말하기	Q60	적절한 속도로 말하기 어려워한다.	더듬더듬 말하거나 너무 빨리 말하는 등 적절한 속도로 말하기 어려워한다.	적절한 속도로 말할 수 있다.
		Q61	말할 때 다른 발음을 내거나 정확하게 발음하지 못한다.	'어머나'를 '어머니'로 소리내는 등 발음의 오류가 있다.	단어를 말할 때 발음의 오류가 거의 없다.
		Q62	단어를 상기하는 데 시간이 걸려 대화 도중에 말이 막힌다.	대화 중 단어를 상기하는 데 시간이 걸려 학교생활과 학습에 지장이 있다.	대화 도중 말문이 막히는 경우가 없다.
		Q63	단어를 나열하는 등 짧은 문장으로 말하여 이해하기 어렵다.	단순히 단어를 나열하는 등 짧은 문장 표현만 가능하다.	단어와 문장을 연결해서 말하며 특별한 문제없이 이야기를 나눌 수 있다.
		Q64	생각나는대로 말하는 등 앞뒤가 맞지 않는 이야기를 한다.	생각나는대로 말하거나 이야기를 비약하는 일이 많아 앞뒤 상황에 맞는 대화가 어렵다.	신중하게 생각하여 앞뒤 상황에 맞는 대화를 할 수 있다.

문항			내용의 해석	
			낮은 점수	높은 점수
학습면	읽기	Q65	빈번히 사용하는 단어도 틀리게 읽는다.	빈번히 사용하는 단어도 잘못 읽는 등 읽기를 어려워한다.	소리 내어 읽을 때 실수 없이 읽을 수 있다.
		Q66	소리 내어 읽을 때 받침읽기를 어려워하고 음절을 생략하거나 대치한다.	받침을 읽기 어려워하여 음절을 생략하거나 대치하는 경우가 있다.	받침도 실수 없이 읽을 수 있다.
		Q67	문장에서 구·절·행을 빠뜨리거나 반복해서 읽는다.	교과서를 읽을 때 구·절·행을 부주의로 빠뜨리거나 반복해서 읽는다.	실수 없이 교과서를 읽을 수 있다.
		Q68	읽는 속도가 느리다.	단어의 철자나 앞뒤를 바꾸는 등 정확성과 속도가 떨어진다.	일정한 속도로 정확하게 읽을 수 있다.
		Q69	읽을 수는 있지만, 내용은 이해하지 못한다.	소리 내어 읽을 수 있지만, 내용은 거의 이해하지 못한다.	소리 내어 읽으며 내용을 이해할 수 있다.
	쓰기	Q70	알아보기 힘든 글씨체를 가졌다.	글자의 모양·크기·기울기가 일정하지 않아 읽기 어렵다.	글자의 모양·크기·기울기가 일정하다.
		Q71	획순이나 받침을 잘못 쓰는 등 철자 오류가 있다.	철자법의 오류 등 세부적으로 정확하게 쓰지 못한다.	정확한 문장을 쓸 수 있다.
		Q72	철자를 틀리거나 글자를 누락하는 경우가 많아 노트 필기 및 작문을 어려워한다.	글자의 삽입·생략·대체가 많아 문장을 작성하기 어려워한다.	글자의 삽입·생략·대체가 없어 문장을 작성할 수 있다.
		Q73	마침표나 쉼표를 빠뜨리거나 적합한 곳에 찍지 못한다.	마침표나 쉼표를 빠뜨리거나 다른 곳에 찍는 등 기호를 쓰기 어려워한다.	마침표나 쉼표 등의 기호를 정확하게 사용할 수 있다.
		Q74	한정된 분량의 작문이나 정해진 패턴의 문장밖에 쓰지 못한다.	한정된 양의 작문이나 정해진 패턴의 문장만 쓸 수 있다.	정해진 패턴의 문장뿐 아니라, 여러 가지 패턴을 조합해 작문할 수 있다.

문항			내용의 해석	
			낮은 점수	높은 점수
학습면	계산하기	Q75	학년에 상응한 숫자 및 수의 개념을 어려워한다.	삼백사십칠을 30047으로 쓰고, 분모의 수가 크면 분수 값이 더 크다고 생각하는 등 수의 의미와 표현 방식에 관한 이해를 어려워한다.	학년에 상응하는 숫자 및 수의 의미를 이해할 수 있다.
		Q76	간단한 계산도 암산하지 못한다.	간단한 계산도 암산하지 못한다.	간단한 계산은 암산할 수 있다.
		Q77	계산에 많은 시간이 걸린다.	계산 시간이 오래 걸려 수업을 따라가기 벅차다.	계산에 특별한 문제점을 발견할 수 없다.
		Q78	해답을 얻는데 필요한 단계를 따라 문제를 풀기 어려워한다.	사칙 혼합 계산이나 2개 이상의 식을 사용하는 계산 등 추가 계산 단계를 요구하는 문제를 풀기 어려워한다.	사칙 혼합 계산이나 2개 이상의 식을 사용하는 계산 등 추가 계산 단계를 요구하는 문제를 풀 수 있다.
		Q79	학년에 상응한 서술형 문제를 풀기 어려워한다.	학년에 상응한 문장문제를 풀기 어려워한다.	학년에 상응한 문장문제를 풀 수 있다.
	추론하기	Q80	학년에 상응한 수량·시간·사물의 위치·공간 문제를 어려워한다.	15cm = 150mm라는 것, 어제·오늘·내일, 전후좌우 등을 이해하기 어려워한다.	15cm = 150mm라는 것, 어제·오늘·내일, 전후좌우 등을 이해할 수 있다.
		Q81	학년에 상응한 도형문제의 구성·분해·모사를 어려워한다.	마름모의 모사, 전개도 등 학년에 상응한 도형을 이해하기 어려워한다.	마름모의 모사, 전개도 등 학년에 상응한 도형을 이해할 수 있다.
		Q82	사물의 인과관계를 이해하기 어려워한다.	원인과 결과 사이의 논리적 관계를 이해하기 어려워한다.	원인과 결과 사이 논리적 관계를 이해할 수 있다.

IN-Child Record 분석 방법

컷오프 수치

　기록한 IN-Child Record를 분석해봅시다. 각 점수가 오른쪽 표의 점수를 밑도는 경우, 해당 영역의 니즈가 특히 높을 가능성이 있습니다. 하지만 컷오프 수치는 어디까지나 기준이므로 수치를 웃돌아도 니즈가 없다고 할 수는 없으며, 밑돌아도 반드시 니즈가 있다고 할 수 없습니다. 이 수치는 연구가 진행됨에 따라 다소 차이가 발생할 수 있습니다. 컷오프 수치가 변경되는 경우 영진닷컴 홈페이지의 [부록 CD 다운로드]에 업로드됩니다.

니즈의 패턴화

　IN-Child Record는 '사람 그 자체'를 평가하는 것이 아니라, '교육적 니즈'의 실태를 파악하여 보다 구체적인 교육실천내용을 제공하는 것을 목적으로 합니다.

　해당 영역 점수가 컷오프 수치 이하인 경우, 그 영역의 조합이나 관계성(패턴)을 해석함으로써 교육적 니즈나 과제를 가시화하여 구체적인 교육플랜을 세울 수 있습니다.

　니즈는 해결하기 위해서 존재하며 니즈를 정확하게 해결하기 위해서는 평가가 필요합니다. IN-Child Record를 사용하여 아이가 가진 '지금'의 니즈를 패턴으로 파악하고 해석함으로써, 개선하고 해결하기 위한 교육실천내용을 확실하게 세워봅시다. IN-Child Record는 통계적 수법으로 패턴의 분석이나 검증을 시행했습니다.

영역	컷오프 수치
종합점수	307점
신체 상태	41점
자세 · 운동 · 동작	41점
주의력 결핍	18점
과잉행동 · 충동성	21점
집착 · 고집	21점
자아존중감	17점
사회생활기능	18점
커뮤니케이션	17점
듣기	16점
말하기	17점
읽기	17점
쓰기	16점
계산하기	13점
추론하기	8점

「신체 상태」가 영향을 주는 영역

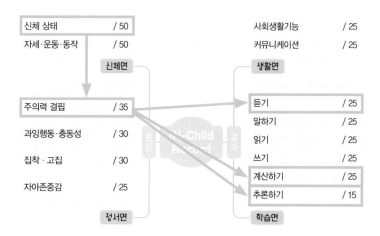

신체 상태의 저하가 주의력 결핍을 초래하는 상태이다.

- **패턴 1**「듣기」에 영향을 미치고 있다.
- **패턴 2**「계산하기」에 영향을 미치고 있다.
- **패턴 3**「추론하기」에 영향을 미치고 있다.

… > **예** 단정하지 못한 아이, 항상 몸이 안 좋은 아이

IN-Child Record

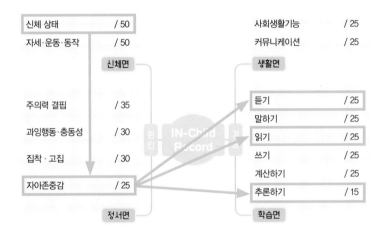

신체 상태	/ 50
자세·운동·동작	/ 50

신체면

주의력 결핍	/ 35
과잉행동·충동성	/ 30
집착 · 고집	/ 30
자아존중감	/ 25

정서면

사회생활기능	/ 25
커뮤니케이션	/ 25

생활면

듣기	/ 25
말하기	/ 25
읽기	/ 25
쓰기	/ 25
계산하기	/ 25
추론하기	/ 15

학습면

신체 상태의 저하가 자아존중감의 저하를 초래하는 상태이다.

- **패턴 4** 「듣기」에 영향을 미치고 있다.
- **패턴 5** 「읽기」에 영향을 미치고 있다.
- **패턴 6** 「추론하기」에 영향을 미치고 있다.

… > **예** 어리광이 심한 아이

「자세 · 운동 · 동작」이 영향을 주는 영역

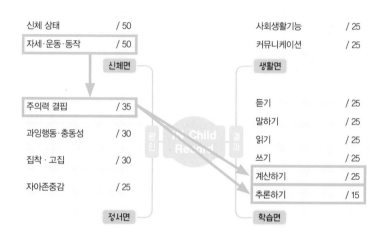

자세 · 운동 · 동작의 저하가 주의력 결핍을 초래하는 상태이다.

- **패턴 1**「계산하기」에 영향을 미치고 있다.
- **패턴 2**「추론하기」에 영향을 미치고 있다.

…> **예** 똑바로 앉아 있지 못하는 아이

「ADHD 경향」이 영향을 주는 영역

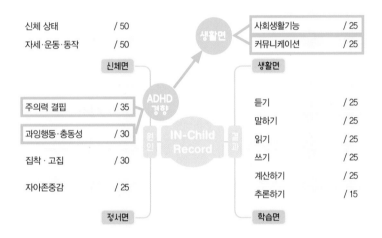

주의력 결핍과 과잉행동·충동성 중 어느 쪽이라도 점수가 낮으면 ADHD 경향이라고 볼 수 있다.

● **패턴 1** 「사회생활기능」과 「커뮤니케이션」에 영향을 미치고 있다.

···> **예** 뭐든 잘 잊어버리는 아이, 자주 뛰쳐나가는 아이

IN-Child Record

신체 상태	/ 50		사회생활기능	/ 25
자세·운동·동작	/ 50		커뮤니케이션	/ 25

신체면   생활면

ADHD 경향

IN-Child Record

주의력 결핍	/ 35		듣기	/ 25
과잉행동·충동성	/ 30		말하기	/ 25
집착 · 고집	/ 30		읽기	/ 25
자아존중감	/ 25		쓰기	/ 25
			계산하기	/ 25
			추론하기	/ 15

정서면   학습면

주의력 결핍과 과잉행동 · 충동성 중 어느 쪽이라도 점수가 낮으면 ADHD 경향이라고 볼 수 있다.

- **패턴 2** 「듣기」에 영향을 미치고 있다.
- **패턴 3** 「쓰기」에 영향을 미치고 있다.
- **패턴 4** 「계산하기」에 영향을 미치고 있다.

… > **예** 수업 중에 돌아다니는 아이

「ASD 경향」이 영향을 주는 영역

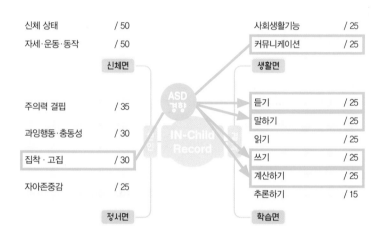

IN-Child Record

신체 상태	/ 50		사회생활기능	/ 25
자세·운동·동작	/ 50		커뮤니케이션	/ 25
	신체면		생활면	
주의력 결핍	/ 35		듣기	/ 25
과잉행동·충동성	/ 30		말하기	/ 25
집착 · 고집	/ 30		읽기	/ 25
자아존중감	/ 25		쓰기	/ 25
			계산하기	/ 25
	정서면		추론하기	/ 15
			학습면	

집착·고집과 커뮤니케이션 중 어느 쪽이라도 점수가 낮으면 ASD 경향이라고 볼 수 있다.

- **패턴 1**「듣기」에 영향을 미치고 있다.
- **패턴 2**「계산하기」에 영향을 미치고 있다.
- **패턴 3**「쓰기」에 영향을 미치고 있다.
- **패턴 4**「계산하기」에 영향을 미치고 있다.

… > **예** 집착·고집이 강한 아이, 혼자 노는 아이

IN-Child Record

신체 상태	/ 50		사회생활기능	/ 25
자세·운동·동작	/ 50		커뮤니케이션	/ 25

신체면

생활면

ASD 경향

IN-Child Record

주의력 결핍	/ 35		듣기	/ 25
과잉행동·충동성	/ 30		말하기	/ 25
집착 · 고집	/ 30		읽기	/ 25
자아존중감	/ 25		쓰기	/ 25
			계산하기	/ 25
			추론하기	/ 15

정서면

학습면

집착·고집과 커뮤니케이션 중 어느 쪽이라도 점수가 낮으면 ASD 경향이라고 볼 수 있으며, 그 결과로 추론하기의 저하를 초래하는 상태이다.

● **패턴 5** 추론하기의 저하로 인해「계산하기」에 영향을 미치고 있다.

…> ㉑ 반복 행동을 하는 아이

「SLD 경향」이 영향을 주는 영역

읽기, 쓰기, 계산하기, 추론하기 중 어느 쪽이라도 점수가 낮으면 SLD 경향이라고 볼 수 있지만, 각 영역의 저하는 서로 다른 영역의 저하와 관련이 없다.

··· > **예** 읽기와 쓰기를 잘하지 못하는 아이, 산수를 매우 못하는 아이

패턴과 일치하지 않는 그밖의 니즈

IN-Child Record는 아동의 교육적 니즈나 과제를 패턴화하여 확실한 교육적 지원을 제공할 수 있습니다. 하지만, 아이마다 가진 니즈가 다양하기 때문에 IN-Child Record로도 패턴화할 수 없는 경우가 있기 마련입니다. 패턴과 일치하지 않는 니즈는 아래의 경우라고 볼 수 있습니다.

① 지금까지 책에서 소개한 분석 대상이 아닌 그밖의 니즈여서 패턴화되어 있지 않을 수 있습니다.

② IN-Child Record 개발 당시 예상하지 않았던 니즈가 있을 수 있습니다. (예 : 우울·조울이나 퍼스낼리티 장애 등의 정신질환)

영역과 문항

영역	하위영역	정의	참고자료
신체면	신체 상태	복장 등의 비위생적 상태, 상처나 질병 등의 상태	• 「아동학대 방지와 학교」 연수교재 (문부과학성, 2006) • 「아동학대의 조기발견과 적절한 대응을 위한 체크리스트」 (도쿄도 교육위원회, 2010) • 「집단 따돌림 방지 등을 위한 교원용 핸드북」 (교토부 교육위원회, 2014)
	자세 · 운동 · 동작	일상생활의 기본이 되는 자세 및 위치를 변화시키는 동작 운동 시의 곤란한 상태 · 정도	• 「특별지원학교 학습지도요령 해설 자립활동편」 (문부과학성, 2009) → 「신체활동」 영역 • 「발달성 협조운동장애에 관한 운동발달 체크리스트」 (마츠바라, 2012) • 「발달이 늦은 아동의 운동 놀이88 마츠바라편」 (사와에, 2014)
정서면	주의력 결핍	특정 자극이 집중력을 저하시키는 것으로 인한 일상생활 곤란의 정도	• 일반학급에 재학 중인 발달장애아동 등 특별한 교육적 지원이 필요한 아동에 관한 조사 (문부과학성, 2009) → 「주의력 결핍」, 「과잉행동·충동성」, 「집착」에 관한 질문 문항 • 「특별지원교육의 첫걸음 – 특별지원 교육담당교사를 위한 안내서」 (오키나와현 종합교육센터, 2006) ※ 문부과학성의 조사는 「ADHD 평가 스케줄」, 「고기능자폐증에 관한 스쿨링 질문지(ASSQ)」를 참고로 작성하였다.
	과잉행동 · 충동성	상황에 맞지 않는 행동으로 인한 일상생활 곤란의 정도	
	집착 · 고집	상동적 · 반복적인 흥미와 행동으로 인한 일상생활 곤란의 정도	
	자아존중감	자아에 관한 긍정적 감정의 저하로 인한 일상생활 곤란의 정도	• 「아동 및 청소년과 부모를 위한 건강 관련 삶의 질 설문지(KIDSCreen)」 (KIDSCreen Group Europe, 2005) • 자존감정 및 자기긍정감에 관한 연구 (도쿄도 교직원 연수센터, 2011)

연구자와의 협의 하에 IN-Child Record에 필요한 문항을 정밀 조사하고 유사한 것을 정리하여 각각의 영역을 설정하였습니다. 아동의 성장 발달을 고려하여 크게 「신체면」, 「정서면」, 「생활면」, 「학습면」으로 나누어 각각의 하위 영역, 총 14개 영역 82개 문항으로 체크 문항을 설정했습니다. IN-Child Record로 각각의 영역 점수로부터 종합적으로 아동의 실태 파악과 교육 플랜의 검토가 가능합니다.

영역	하위영역	정의	참고자료
생활면	사회생활기능	학교생활의 기반이 되는 규칙 이해 및 인간관계 형성 곤란의 정도	• 「특별지원교육 성과평가척도(Special Needs Assessment Tool: SNEAT)」(한 · 오하라 · 가즈키, 2014) → 「사회생활기능」 영역
	커뮤니케이션	학교에서의 인간관계 및 의사소통 곤란의 정도	• 「특별지원학교 학습지도요령 해설 자립활동편」(문부과학성, 2009) → 「커뮤니케이션」 영역 • 일반학급에 재학 중인 발달장애아동 등 특별한 교육적 지원이 필요한 아동에 관한 조사 (문부과학성, 2009) → 「커뮤니케이션」에 관한 질문 문항 • 「특별지원교육의 첫걸음 - 특별지원 교육담당교사를 위한 안내서」(오키나와현 종합교육센터, 2006)
학습면	듣기	학교생활 중 듣기 능력에 관한 곤란의 정도	• 일반학급에 재학 중인 발달장애아동 등 특별한 교육적 지원이 필요한 아동에 관한 조사 (문부과학성, 2009) → 「학습면」에 관한 질문 문항 • 「특별지원교육의 첫걸음 - 특별지원 교육담당교사를 위한 안내서」(오키나와현 종합교육센터, 2006) ※ 문부과학성의 조사는 「LDI-R-LD진단을 위한 조사표」를 참고로 작성하였다.
	말하기	학교생활 중 말하기 능력에 관한 곤란의 정도	
	읽기	학교생활 중 읽기 능력에 관한 곤란의 정도	
	쓰기	학교생활 중 쓰기 능력에 관한 곤란의 정도	
	계산하기	학교생활 중 계산하기 능력에 관한 곤란의 정도	
	추론하기	학교생활 중 추론하기 능력에 관한 곤란의 정도	

개별교육플랜의 특징

IN-Child Record 결과를 바탕으로 패턴화 검토 및 세부문항을 분석하여 '어느 영역에 어떤 니즈와 과제가 있는지, 원인이 무엇인지'를 구체적으로 파악할 수 있습니다. 이러한 니즈 및 과제에 관한 솔루션이 「IN-Child 개별교육플랜」입니다.

아동의 지도를 위한 개별교육플랜은 3가지 단계로 구성되어 있습니다.
도서에서 소개하는 IN-Child 내용을 참고하여 플랜을 작성할 수 있습니다.

① 결과 편: IN-Child Record 각 영역과 문항의 점수 표시 및 니즈가 있는
   영역과 문항 표시
② 분석 편: 결과를 기반으로 행동 패턴 파악
③ 개입 편: 파악한 행동 패턴을 기반으로 지도 및 학습법 제안

IN-Child
개별교육플랜

IN-Child 개별교육플랜은 3가지 편(결과·분석·개입)으로 구성되어 있으며 단계별로 작성해 나아가야 합니다. 단순히 감에 의존하는 지도가 아니라, IN-Child Record 결과를 기반으로 진행하는 것이므로 지도방법에 대한 근거가 됩니다.

※ 개별학습플랜의 파일은 저작권으로 인하여 제공할 수가 없는 점 양해를 부탁 드립니다.

IN-Child 개별교육플랜

IN-Child 개별교육플랜은 3가지 편(결과·분석·개입)으로 구성되어 있으며 단계별로 작성해 나아가야 합니다. 단순히 감에 의존하는 지도가 아니라, IN-Child Record 결과를 기반으로 진행하는 것이므로 지도방법에 대한 근거가 됩니다.

보다 아이에게 도움이 되는 교육플랜을 작성하려면 다양한 교육실천방법을 수집·분석하여 도입하십시오. PDCA 사이클에 접목시켜 제안된 교육플랜을 시행하고 평가와 수정을 반복하면서 아동의 눈높이에 맞는 적합한 지원을 시행하는 것이 중요합니다.

「IN-Child」 프로젝트는 일본의 공동연구기업이 독점적 사용권을 보유하고 있으므로 IN-Child Record 및 IN-Child 개별교육플랜을 영리 목적으로 이용할 수 없습니다. 가정 및 학급 내에서 이용하는 경우만을 허용하며 공중의 사용에 제공하기 위해 복제할 수 없습니다. 학교 차원에서 사용권을 구매하여 실시하고자 하시는 분은 support@youngjin.com으로 연락주시기 바랍니다. IN-Child Record 기록지 제공과 IN-Child 개별학습플랜의 자료를 제공합니다.

※ IN-Child 개별학습플랜의 예시를 소개합니다. Part 1~2를 참고하여 작성하시기 바랍니다. 개별학습플랜의 파일은 저작권으로 인하여 제공할 수가 없는 점 양해를 부탁드립니다.

IN-Child 개별교육플랜 −결과편−

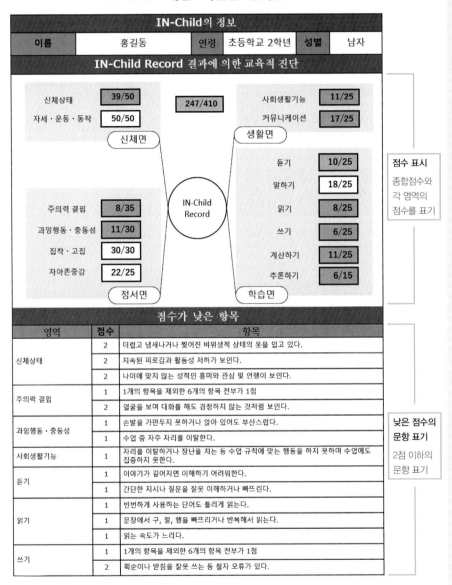

IN-Child의 정보					
이름	홍길동	연령	초등학교 2학년	성별	남자

IN-Child Record 결과에 의한 교육적 진단

신체면
- 신체상태 39/50
- 자세·운동·동작 50/50

생활면
- 사회생활기능 11/25
- 커뮤니케이션 17/25

IN-Child Record 247/410

정서면
- 주의력 결핍 8/35
- 과잉행동·충동성 11/30
- 집착·고집 30/30
- 자아존중감 22/25

학습면
- 듣기 10/25
- 말하기 18/25
- 읽기 8/25
- 쓰기 6/25
- 계산하기 11/25
- 추론하기 6/15

점수 표시
종합점수와 각 영역의 점수를 표기

점수가 낮은 항목

영역	점수	항목
신체상태	2	더럽고 냄새나거나 찢어진 비위생적 상태의 옷을 입고 있다.
	2	지속된 피로감과 활동성 저하가 보인다.
	2	나이에 맞지 않는 성적인 흥미와 관심 및 언행이 보인다.
주의력 결핍	1	1개의 항목을 제외한 6개의 항목 전부가 1점
	2	얼굴을 보며 대화를 해도 경청하지 않는 것처럼 보인다.
과잉행동·충동성	1	손발을 가만두지 못하거나 앉아 있어도 부산스럽다.
	1	수업 중 자주 자리를 이탈한다.
사회생활기능	1	자리를 이탈하거나 장난을 치는 등 수업 규칙에 맞는 행동을 하지 못하며 수업에도 집중하지 못한다.
듣기	1	이야기가 길어지면 이해하기 어려워한다.
	1	간단한 지시나 질문을 잘못 이해하거나 빠뜨린다.
읽기	1	빈번하게 사용하는 단어도 틀리게 읽는다.
	1	문장에서 구, 절, 행을 빠뜨리거나 반복해서 읽는다.
	1	읽는 속도가 느리다.
쓰기	1	1개의 항목을 제외한 6개의 항목 전부가 1점
	2	획순이나 받침을 잘못 쓰는 등 철자 오류가 있다.

낮은 점수의 문항 표기
2점 이하의 문항 표기

① 결과 편: IN−Child Record의 결과를 표기합니다.
영역별 점수와 낮은 점수를 받은 문항을 표기합니다.

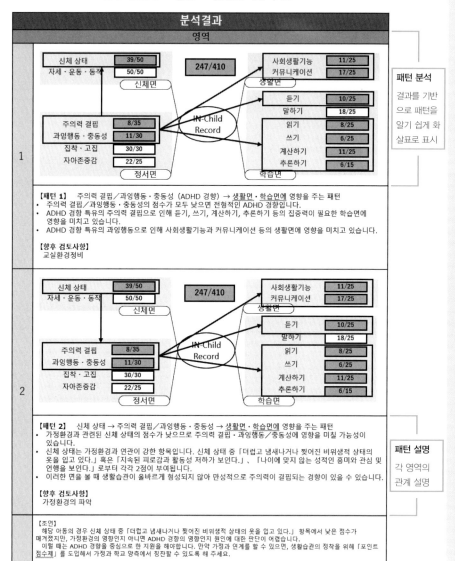

분석결과

영역

1

신체 상태 39/50
자세 · 운동 · 동작 50/50
신체면

247/410

사회생활기능 11/25
커뮤니케이션 17/25
생활면

듣기 10/25
말하기 18/25

IN-Child Record

주의력 결핍 8/35
과잉행동 · 충동성 11/30
집착 · 고집 30/30
자아존중감 22/25
정서면

읽기 8/25
쓰기 6/25
계산하기 11/25
추론하기 6/15
학습면

패턴 분석

결과를 기반으로 패턴을 알기 쉽게 화살표로 표시

【패턴 1】 주의력 결핍/과잉행동·충동성 (ADHD 경향) → 생활면·학습면에 영향을 주는 패턴
* 주의력 결핍/과잉행동·충동성의 점수가 모두 낮으면 전형적인 ADHD 경향입니다.
* ADHD 경향 특유의 주의력 결핍으로 인해 듣기, 쓰기, 계산하기, 추론하기 등의 집중력이 필요한 학습면에 영향을 미치고 있습니다.
* ADHD 경향 특유의 과잉행동으로 인해 사회생활기능과 커뮤니케이션 등의 생활면에 영향을 미치고 있습니다.

【향후 검토사항】
교실환경정비

2

신체 상태 39/50
자세 · 운동 · 동작 50/50
신체면

247/410

사회생활기능 11/25
커뮤니케이션 17/25
생활면

듣기 10/25
말하기 18/25

IN-Child Record

주의력 결핍 8/35
과잉행동 · 충동성 11/30
집착 · 고집 30/30
자아존중감 22/25
정서면

읽기 8/25
쓰기 6/25
계산하기 11/25
추론하기 6/15
학습면

【패턴 2】 신체 상태 → 주의력 결핍/과잉행동·충동성 → 생활면·학습면에 영향을 주는 패턴
* 가정환경과 관련된 신체 상태의 점수가 낮으므로 주의력 결핍·과잉행동/충동성에 영향을 미칠 가능성이 있습니다.
* 신체 상태는 가정환경과 연관이 강한 항목입니다. 신체 상태 중 「더럽고 냄새나거나 찢어진 비위생적 상태의 옷을 입고 있다.」 혹은 「지속된 피로감과 활동성 저하가 보인다.」、「나이에 맞지 않는 성적인 흥미와 관심 및 언행을 보인다.」로부터 각각 2점이 부여됩니다.
* 이러한 면을 볼 때 생활습관이 올바르게 형성되지 않아 만성적으로 주의력이 결핍되는 경향이 있을 수 있습니다.

【향후 검토사항】
가정환경의 파악

패턴 설명

각 영역의 관계 설명

【조언】
  해당 아동의 경우 신체 상태 중 「더럽고 냄새나거나 찢어진 비위생적 상태의 옷을 입고 있다.」 항목에서 낮은 점수가 매겨졌지만, 가정환경의 영향인지 아니면 ADHD 경향의 영향인지 원인에 대한 판단이 어렵습니다.
  이럴 때는 ADHD 경향을 중심으로 한 지원을 해야합니다. 만약 가정과 연계를 할 수 있으면, 생활습관의 정착을 위해 「포인트 점수제」를 도입해서 가정과 학교 양측에서 칭찬할 수 있도록 해 주세요.

② 분석 편: 결과를 기반으로 통계적으로 증명된 패턴(목차 참조)을 참고하여 가장 일치한 패턴을 찾습니다.

IN-Child 개별교육플랜 –개입 편–

개입	
지원 타이틀	**해설**
1 좌석배치 검토 - 주의력 결핍에 관한 대응	· 수업에 집중하지 못한다면 교사가 말을 건네기 쉬운 자리나, 비교적 집중에 방해받지 않는 자리에 아동을 앉힌다. · 앞자리의 가장자리가 좋다.

2 학급 내의 역할 부여
- 자아존중감에 관한 대응
	· 앞자리에 앉혀 [선생님의 보조]로서 수업 중에 프린트를 배포하게 한다.
	  → 수업 중에 합리적으로 움직이는 것이 가능하다. 역할을 맡아
	  임무수행하는 것으로 자아존중감을 향상할 수 있다.

3 환경 조성하기
- 주의력 결핍에 관한 대응
	· 아동이 수업에 집중할 수 있도록 조용한 환경을 만든다.
	· 게시물을 줄이고 소리를 크게 내지 않는 등 시청각적으로 자극이 적은
	  환경을 조성한다.
	  예) 파티션의 사용이 권장되지만 프린트 학습시에는 다른 방을
	  사용하는 것이 바람직하다.

4 활동내용에 관해
- 주의력 결핍, 과잉성 · 충동성에
  관한 대응
	· 주변 환경으로 인한 자극은 줄이고, 활동 자체를 자극적으로 만든다.
	· 디오 혹은 프린트를 이용하여 학습 방법을 전환해가며 학습에 집중할
	  수 있도록 한다.

5 지시방법
- 주의력 결핍, 과잉성 · 충동성에
  관한 대응
	· 간결하고 명확한 지시를 내린다.
	· 「지금은 ○○을 할 시간」이라고 명확하게 전달하는 것이 중요하다.
	· 전달정보가 지나치게 많으면 무엇이 중요한지 판단하기 힘들기 때문에
	  해야할 일을 조금씩 나눠가며 명확하게 지시를 내린다.

6 학습방법① - 주의력 결핍, 과잉성 · 충동성에 관한 대응	· 그룹이 아닌 페어학습을 권장한다. · 비교적 침착한 아동을 옆자리에 앉히고 서로 가르치게 한다.
7 학습방법② - 쓰기에 관한 대응	· ADHD 경향의 아동 대부분은 쓰기를 서툴러 한다. · 5번과 마찬가지로 명확한 질문과 선택식 시험을 활용한다.

8 점수 제도 도입
- 주의력 결핍, 과잉성 · 충동성에
  관한 대응
	· ADHD 경향이 있는 아동은 점수 제도에 강하게 동기부여를 합니다.
	  (스티커를 모으면 목표를 달성하는 형식)
	· 활동을 달성하면 칭찬하며 점수를 준다.
	· 복도를 뛰어다니는 등의 행동을 하면 점수를 깎는다.
	· 점수가 깎일 행동을 한 경우 잠시동안 학급에서 떨어뜨리고 침착해지면
	  다시 지도한다.

(삽입된 말풍선) **지원 방안** — 니즈에 부합하는 지원방법 설정

(우측 설명) **지원 방법의 해설** — 지원의 구체적인 설명과 실천 방법을 제시합니다.

지원내용	
지원형태	개별지원 · 그룹지원 · 그룹관찰

참고문헌

- 영국의 국립의료기술평가기구 (National Institute for Health and Care Excellence, NICE) 에서 2009년에 발행된 「Attention Deficit Hyperactivity Disorder: Diagnosis and Management of ADHD in Children, Young People and Adults.」
- D. Daley and J. Birchwood(2009) 가 작성한 ADHD에 관한 레뷰논문 「ADHD and academic performance :why does ADHD impact on academic performance and what can be done to support ADHD children in the classroom?」
- WILLIAM and MARY of School Education, Classroom Interventions for Attention Deficit/Hyperactivity Disorder Considerations Packet

(우측 설명) **참고문헌** — 참고한 자료 기재

③ 개입 편: 분석을 기반으로 가정 및 학교에서 실천이 가능한 효과적인
    지도 및 학습법을 작성합니다.

Q&A

Q 1 의학적 진단과 어떻게 다릅니까?

A 1 정보의 활용 목적과 사용 방법이 의학적 진단과는 근본적인 차이가 있습니다.

지금까지 의학적으로 발달장애를 진단하기 위해 다양한 도구가 개발되어 왔기에 IN-Child Record가 기존의 의학적인 진단과 무엇이 다른가에 대해서 질문을 자주 받습니다. IN-Child가 의학적 진단과 크게 다른 부분은 아래와 같습니다.

IN-Child Record는 아동의 교육적 니즈를 포괄적으로 파악하여 구체적으로 어떻게 개입하면 좋을지에 관한 솔루션을 제공하는 도구입니다. 따라서 의학적 발달 진단과는 달리, 학령기의 아동이라면 어느 누구를 대상으로 하더라도 활용할 수 있습니다.

또한, 전문적인 지식이 없더라도 누구나 사용할 수 있습니다. 아동이 어린 시절 가장 많은 시간을 보내는 장소는 병원이 아닌 가정과 교육 및 보육현장입니다. 아동을 돌보는 사람이라면 누구든 사용할 수 있으며, 공통언어로서 서로 연계할 수 있는 도구가 필요하다는 고민 끝에 개발한 것이 IN-Child Record입니다.

	IN-Child Record	의학적 발달 진단 도구
평가의 목적	아동의 교육적 니즈를 포괄적으로 파악하여 솔루션을 제공한다.	발달장애의 특성을 포괄적으로 파악한다.
평가대상자	모든 학령기 아동	발달 장애인
신뢰성이 확인된 평가자	연수를 받은 사람	숙련된 정신과 의사
솔루션의 제공	분석한 결과로 교육 플랜 제공	의료적 조치

Q&A

Q 2 발달 평가와는 어떻게 다릅니까?

A 2 IN-Child Record는 인간의 발달을 평가하는 것이 아니라, 아동의 과제 및 욕구를 파악하기 위한 척도 입니다.

　기존의 발달 평가는 일본의 수많은 데이터를 수집하여, 「발달의 목표」, 「표준발달」과 같은 「발달의 기준」을 설정하고 있습니다. 그러나 표준적인 발달(정상발달)인지 아닌지를 판단한다는 것은 결국 표준적이지 않은 발달(비정상발달)을 규정하는 결과로 인식되어, 보호자의 불안을 높이는 요인이 되거나 차별적인 의미를 포함하게 될 우려도 있습니다.

　또한, 일본의 기준만으로 표준적인 발달 여부를 규정한다는 위험성도 있습니다. 「발달에 표준은 없다」라는 주장과 함께 「발달장애」라는 단어 사용을 자제하자는 움직임도 일고 있습니다.

260　우리 아이는 발달장애가 아닙니다

예를 들면, 의료 현장에서는 구체적인 수치를 사용하여 진단합니다. 저밀도지방단백질(LDL)이라는 나쁜 콜레스테롤 수치로 예를 들면 수치가 60~119이면 표준 범위, 59 이하와 120 이상이면 요주의, 180 이상이면 이상이 있는 것으로 판단합니다.

그렇다면, 발달의 경우는 어떻게 해석하면 좋을까요? 「표준 발달」의 범위를 정하면 「표준보다 늦은 사람」과 「표준보다 빠른 사람」이 발생합니다. 그럼, 이 표준 발달의 기준보다 늦는다면 뒤떨어지는 것일까요? 기준보다 늦으면 발달 장애의 가능성이 있다고 말할 수 있을까요? 반대로, 기준보다 빠르면 우수하다고 할 수 있을까요?

본래 아동의 성장은 평가 시점에서 표준보다 늦더라도 성장, 발달하는 과정에서 변화하는 것입니다.

끝까지 읽어주셔서 감사합니다. 후기부터 읽는 분들도 계실 텐데, 수많은 책 중에서 이 책을 선택해주셔서 감사하단 말씀을 드립니다. 이 책은 처음부터 순서대로 읽을 수도 있고, 요리 레시피 책처럼 필요한 부분이나 흥미있는 곳부터 읽을 수도 있게 집필했는데, 조금이나마 여러분께 도움이 되었을까요?

"이런 아이 있지, 있어."

"우리 아이는 ○○을 어려워하는 아이일지도 모르니까, 이 방법을 사용해 볼까?"

"우리 아이는 발달장애가 아니야."

라고 독자 여러분 각자의 소감이 있으리라 생각되지만, 아동과 그 주변 사람들의 어깨의 짐이 조금이나마 덜어졌으면 하는 바람입니다. 조금만 다른 각도로 아동을 관찰하면 장단점과 함께 정서 및 행동의 어려움이 보이고, 그런 모습이 조금씩 보이게 되면 지원할 수 있는 여유가 생기기 마련입니다.

이 책에 수록된 내용은 일본 오키나와현 류큐대학 교육학부에서 시작된 『IN-Child 프로젝트』 연구 성과의 일부분입니다. 이 자리를 빌려 제가 연구 대표를 맡은 프로젝트팀에 대해 소개하고자 합니다.

먼저, 저의 아이디어를 기반으로 매일 개성강한 팀원을 이끌고 있는 총괄 리더 Kohara Aiko 씨, IN-Child 관련 일러스트를 모두 작성하고 개별 지원 프로그램 개발에도 참여한 Ota Mamiko 씨, 「IN-Child(Inclusive Needs Child)」 용어 아이디어를 내고, 수많은 용어의 의미를 연구하고 정리한 Yano Natsuki 씨, 뛰어난 커뮤니케이션 능력으로 프로젝트의 추진을 돕고 고등학생·성인용 도구 개발을 담당한 Teruya Haruna 씨, 모든 자료의 디자인 및 연구팀의 사무업무를 지원해 준 Yonemizu Sakurako 씨. 모든 분들께 감사드립니다.

아이들은 날마다 변화하고 성장합니다. 지금 눈앞에 있는 아동의 교육적 니즈에 성실히 대응한다면, 앞으로 더 많은 성공 사례와 만날 수 있으리라 확신합니다. 그리고 이러한 교육적 성과가 확산될 수 있도록 지속적으로 연구하고 노력할 계획입니다.

감사합니다.

프로젝트 팀원
- Kohara Aiko(당시 류큐대학 교육학부 전임 강사, 현재 시모노세키 시립대학 부교수)
- Ota Mamiko(당시 류큐대학 교육학부 조교, 현재 시모노세키 시립대학 전임 강사)
- Yano Natsuki(당시 류큐대학 교육학부 조교, 현재 바이코가쿠인대학 전임 강사)
- Teruya Haruna(당시 류큐대학 조교, 현재 류큐대학 전임 강사)
- Yonemizu Sakurako(당시 류큐대학 직원, 현재 시모노세키 시립대학 직원)

- Han, ChangWan, Mamiko OTA & Haejin KWON(2016) Development of the IN-Child(Inclusive Needs Child) Record. Total Rehabilitation Research. 3. 84–99. doi: 10.20744/trr.3.0_84
- Ayako OKOUCHI & Etsuko TADAKA(2014) Concept analysis of children with special health care needs : health care professionals' perception. Yokohama journal of nursing. 7(1). 1–8.
- Kenji ISHIKURA & Shinjirou NAKAMUR(2011) The study into the discrepancies existing between the perception of preschool teachers and elementary school teachers regarding children with special needs. Hyogo University of Teacher Education journal. 39. 67–76.
- Satoru NAGAI & Takehito SAGAMI(2003) Study Concerning Responses from the Perspective of Elementary School Home-Room Teachers on Potentially Problematic Children : With a Focus on the Interviewing Method. Bulletin of the Faculty of Education. Ehime University. Section I, Educational sciences. 50(1), 69–76.
- Patricia Howlin, Susan Goode, Jane Hutton & Michael Rutter(2009) Savant skills in autism : psychometric approaches and parental reports. Philosophical Transactions of the Royal Society B: Biological Sciences. 364(1522), 1359–1367. doi: 10.1098/rstb.2008.0328
- Timo Saloviita, Liisa Ruusila & Unto Ruusila(2000) Incidence of savant syndrome in Finland. Perceptual and Motor Skills. 91. 120–122. doi: 10.2466/pms.2000.91.1.120
- Yasushi KITAGAWA(2005) 賢者の書(Kenja-no-sho, in Japanese). Discover 21. ISBN: 978-4-88759-366-4
- Naoki OGI(2013) 尾木ママが高校生と語った なぜ、いじめはなくならないの？(OGI-mama ga koukousei to katatta: naze, ijime wa nakunaranaino?, in Japanese)(2013.7.14). MIRAI-BU-PLUS. Kawaijuku. https://www.milive-plus.net/%E3%81%84%E3%81%98%E3%82%81%E5%95%8F%E9%A1%8C/ (최종 열람 : 2019.5.8)
- Han, ChangWan(2017) Study Group on "Understanding" at the University of the Ryukyus.
- Nobuo MASATAKA(2017) 自閉症者が人類社会に「不可欠」である理由～実は障害ではない！最新研究が明かした驚きの真相(Jiheisyou-sha ga jinrui-shakai ni [hikaketu] de aru riyu ～Jitsu ha syougai deha nai! Saishin-kenkyu ga akashita odoroki no shinsou, in Japanese). 2017.05.21. Kodansha(Bluebacks-series). https://gendai.ismedia.jp/articles/-/51688?page=2 (최종 열람 : 2019.5.8)
- Steve Silberman(2015) NeuroTribes: The Legacy of Autism and the Future of Neurodiversity. Avery. Nobuo Masataka & Mayuko Iguchi(Trans.)(2017)自閉症の世界 多様性に満ちた内面の真実(Jiheisyou no sekai: tayousei ni mitsita naimen no shinjitsu, in Japanese). Kodansha(Bluebacks-series).

- Shirley S. Wang(2014) 自閉症者を積極採用―独SAPや米フレディマックの取り組み(Jiheisyou-sha wo sekkyoku-saiyou: Germany"SAP" ya America"Freddie Mac" no torikumi, in Japanese). 2014.3.31, The wall street journal. https://jp.wsj.com/articles/SB10001424052702303702904579472530809527894 (최종 열람 : 2019.5.8)
- David M. Buss(2009) How Can Evolutionary Psychology Successfully Explain Personality and Individual Differences?. Perspectives on Psychological Science, 4(4), 359-366. doi: 10.1111/j.1745-6924.2009.01138.x.
- Dickman S. J.(1990) Functional and dysfunctional impulsivity: Personality and cognitive correlates. Journal of Personality and Social Psychology, 58(1), 95-102.
- Yoshihiko TANNO(2017)ビッグ5 性格5因子論(第5次元) 統制性・衝動性(C次元)(Big5 Seikaku-5-inshi-ron (dai-5-jigen) touseisei・syoudousei(C-jigen), in Japanese). Tokyo University. http://park.itc.u-tokyo.ac.jp/tanno/big5conscientiousness.pdf#search='%E8%A1%9D%E5%8B%95%E6%80%A7+%E3%83%9D%E3%82%B8%E3%83%86%E3%82%A3%E3%83%96' (최종 열람 : 2019.5.8)
- 一般社団法人 家庭電気文化会(Katei Denki Bunka kai, in Japanese)(2006)家電の昭和史テレビ(Kaden no syowa-shi televi, in Japanese). http://www.kdb.or.jp/syouwasiterebi.html (최종 열람 : 2019.5.6)
- Digital Arts Inc.(2015)日本におけるインターネットの歴史(Nihon ni okeru Internet no rekishi, in Japanese). https://www.daj.jp/20th/history/ (최종 열람 : 2019.5.6)
- Ministry of Education, Culture, Sports, Science and Technology(MEXT)(2006) 児童虐待防止と学校(Jidou-gyakutai-bouhi to gakkou, in Japanese). http://www.mext.go.jp/a_menu/shotou/seitoshidou/1280054.htm (최종 열람 : 2016.01.13)
- Tokyo Metropolitan Board of Education(2010) 児童虐待の早期発見と適切な対応のためのチェックリスト(Jidou-gyakutai no souki-hakken to tekisetu na taiou no tameno checklist, in Japanese). http://www.metro.tokyo.jp/INET/OSHIRASE/2010/05/20k5b300.htm (최종 열람 : 2016.01.13)
- Kyoto Prefectural Board of Education(2014) いじめ防止等のために 教員用ハンドブック(Ijime boushi-tou no tameni: kyouin-you hanndobukku, in Japanese). http://www.kyoto-be.ne.jp/gakkyou/cms/?page_id=138http://www.kyoto-be.ne.jp/gakkyou/cms/?page_id=138 (최종 열람 : 2016.01.11)
- Yutaka Matsubara(2012) A Study of Developmental Coordination Disorder of Children with Intellectual Disabilities "An Assessment by Using of Motor Development Checklist". Bulletin of Hosen College of Childhood Education, 3, 45-54.
- Yukinori SAWAE, Takashi ABE & Yogyon MATSUMURA(2014) 発達が気になる子の運動あそび88(Hattatu ga kininaru-ko no undou-asobi 88, in Japanese). Yutaka Matsubara(Ed.), Gakken-kyouiku-syuppan(Human Care Books). ISBN : 978-4-05-406031-9

참고문헌

- Okinawa Prefectural General Education Center(2006) 特別支援教育のはじめの一歩 －特別支援教育に携わる先生のための手引き－(Tokubetsushienkyouiku no hajime no ippo －tokubetusienkyouiku ni tazusawaru sensei no tameno tebiki－). http://tokusi.edu-c.open.ed.jp/hajime.pdf#search=%27%E6%B2%96%E7%B8%84%E7%9C%8C%E6%95%99%E8%82%B2%E5%A7%94%E5%93%A1%E4%BC%9A+%E3%81%AF%E3%81%98%E3%82%81%E3%81%AE%E4%B8%80%E6%AD%A9%27 (최종 열람 : 2016.01.10)
- Tokyo Metropolitan School Personnel in Service Training Center(2011) 自尊感情や自己肯定感に関する研究(Jisonkanjou ya jikokouteikan ni kansuru kenkyu, in Japanese). 東京都教職員研修センター紀要(Tyokyo-to kyousyokuin kensyu senta kiyou, in Japanese), 11, 2-38.
- Han, ChangWan, Aiko KOHARA & Masahiro KOHZUKI(2014) Development of Scale to Special Needs Education Assessment Tool(SNEAT). Asian Journal of Human Services, 7, 125-134. doi: 10.14391/ajhs.7.125
- Han, ChangWan, Natsuki YANO, Aiko KOHARA, Haejin KWON, Mamiko OTA & Atsushi TANAKA(2017) The Verification of the Reliability and Construct Validity of the IN-Child Record: Analysis of Cross-sectional Data. Total Rehabilitation Research, 5, 1-14. doi: 10.20744/trr.5.0_1

우리 아이는
발달장애가 아닙니다

1판 1쇄 발행 2020년 8월 26일

저　　자 | 한창완
역　　자 | 이호정
삽　　화 | Mamiko OTA
발 행 인 | 김길수
발 행 처 | ㈜영진닷컴
주　　소 | 서울특별시 금천구 가산디지털1로 128 STX-V 타워
　　　　　4층 401호
등　　록 | 2007. 4. 27. 제16-4189

ISBN | 978-89-314-6027-8

YoungJin.com **Y.**
영진닷컴